# THE
# BEATLES
## SU HISTORIA EN ANÉCDOTAS

William Blair

# THE BEATLES
## SU HISTORIA EN ANÉCDOTAS

**Traducción de David Fuentes**

MA
NON
TROPPO

Un sello de Ediciones Robinbook
información bibliográfica
Industria 11 (Pol. Ind. Buvisa)
08329 - Teià (Barcelona)
www.robinbook.com

© 2010, Ediciones Robinbook, s.l., Barcelona.

Diseño de cubierta: La Cifra
Fotografía de cubierta: © Michael Ochs Archives/Corbis
Diseño de interior: Paco Murcia
ISBN: 978-84-96924-96-3
Depósito legal: B-41.281-2010
Impreso por S.A. DE LITOGRAFIA, Ramón Casas,
2 esq. Torrent Vallmajor, 08911 Badalona (Barcelona)

Impreso en España - *Printed in Spain*

# Sumario

# Introducción

**El caso de The Beatles es sin duda** uno de los más destacados de la historia de la música británica lo que quiere decir de la música pop, o tal vez deberíamos decir de la música en general, pues sin pretender compararlos a Haendel o a Purcell, por ejemplo, sí que podemos coincidir en que su música ha estado más difundida que la de los grandes clásicos y que su estilo, sus composiciones y sus personalidades han influido de una manera notable, no sólo entre los músicos y compositores que les han sucedido sino en capas mucho más amplias de la sociedad con lo que se dio en llamar «beatlemanía» y que marcó un hito en el mundo de los años sesenta. En los Beatles se ha unido su evidente calidad musical con el tiempo que les tocó vivir y con el hecho, no desdeñable, de que como grupo musical murieron demasiado pronto, como los grandes mitos. De ese modo se les podría comparar con Elvis Presley, con Jimmy Hendrix o, más cerca, con Queen de Freddie Mercury o con The Animals o The Tremeloes, porque no hablamos de muerte física, sino de muerte musical por una u otra razón. Alrededor de los Beatles se han tejido cientos de leyendas, se han escrito decenas de libros y su música y su vida se han analizado de forma exhaustiva, pero entre tanta información, unas veces interesante y otras superficial, hacía falta un ejercicio de recopilación, no para su historia musical, suficientemente conocida, sino para aspectos más anecdóticos

y más relacionados con la vida cotidiana o con el mito, que con su historia musical. ¿A quién le escribía John Lennon sus canciones de amor?, ¿qué ocurría en los hoteles donde vivían gran parte de su vida?, ¿en qué empleaban su tiempo cuando no estaban en el estudio de grabación?, ¿qué sabemos de Ringo Starr, empezando por su verdadero nombre?

Estamos acostumbrados al término «leyendas urbanas», desde luego, pero probablemente ese concepto se inventó para hablar de los Beatles, igual que el término «fan». ¿Quién no ha oído alguna vez la leyenda de la muerte de Paul MacCartney o aquella de que los Beatles eran los «buenos chicos» y los Rolling Stones los que sentían simpatía por el diablo? Diez años no son muchos años para una carrera musical, pero el anecdotario de los Beatles no se agota en esos diez años, sino que sus vidas, para mal o para bien, estuvieron siempre marcadas por aquella banda de skiffle que se formó en los antros de Liverpool y de Hamburgo a finales de los cincuenta. El encuentro, el camino, el éxito, el mito, la separación, la muerte de Lennon, la de George Harrison; todo eso es historia, y es historia de los Beatles aunque se separaran, musical y personalmente, y siguieran sus vidas caminos tan diferentes.

uno:

Quarrymen, Beetles, ¡Beatles!
(1957-1963)

# uno:

## Quarrymen, Beetles, ¡Beatles! (1957-1963)

**Entre 1957 y 1963 asistimos** a los primeros tiempos de lo que serían The Beatles. El punto de partida es algo muy típico de finales de los años cincuenta en el Reino Unido. Los jóvenes escolares no han vivido la guerra o no la recuerdan porque eran demasiado pequeños, las ciudades industriales como Liverpool, Manchester o el mismo Londres son un hervidero de conflictos sociales, de ruptura con los viejos esquemas y de búsqueda de nuevos caminos a la creatividad. Entre los jóvenes quinceañeros triunfa el skiffle, una mezcla de influencia norteamericana a ritmo de jazz y blues y de música tradicional inglesa o irlandesa. Se sigue a Donegan, a Buddy Holly y mucho menos a Elvis o a Carl Perkins. Todo empieza de un modo natural, como toda pandilla juvenil de aquellos años; se oye música en la radio, se reúnen al salir del colegio y los chicos que se siente más afines se van juntando entre ellos. Les une la música, un lugar donde tocar, unas guitarras, la mayoría de las veces de segunda mano, muchas horas de pulsar las cuerdas, ruido, alguna cerveza que otra y a partir del momento en que toman la decisión de hacer de la música un modo de vida, todo cambia para ellos. John, Paul, George, Stu, Pet, Ivan, Ken... hijos de la clase obrera de Liverpool que sientan las bases de un movimiento que llegaría a todo el mundo.

## El niño camino del fracaso

A finales de los años cuarenta, cuando John Lennon estaba a punto de cumplir los diez años era frecuente encontrar en su libreta de evaluaciones escolares la frase: «[…] este niño va camino del fracaso…». El pequeño John era hijo de Alfred y Julia Lennon y él mismo declaró en una entrevista que nació en 1940 durante un bombardeo alemán sobre Liverpool, algo absolutamente cierto pues hay constancia de que esa noche, 9 de octubre, la Luftwafe estaba bombardeando la ciudad. En una entrevista John afirmaba: «En Liverpool había tres clases de chicos, los que habían perdido a su padre en la guerra, los que lo habían recuperado tras la guerra y yo». Su originalidad radicaba en que su padre, aunque vivo, desapareció de la vida familiar y John se pasaba horas sentado en los malecones del puerto esperando verle aparecer. Huyendo de la guerra y de las responsabilidades familiares, Alfred Lennon se había enrolado en un mercante de bandera norteamericana y aunque

**Cuando John Lennon escuchó por primera vez la canción «Long Tall Sally», de Little Richard, se sintió identificado con la alegría que desprendía y fue uno de los primeros temas que el grupo adaptó en sus actuaciones:**

*I'm gonna tell Aunt Mary 'bout Uncle John*
*he said he had the misery but he got a lot of fun*
*Baby, yeah now baby*
*Woo baby, some fun tonight.*

*Os voy a contar tía Mary Tío John,*
*Qué tiene el blues que es tan divertido.*
*Oh pequeña,*
*Ye-e-e-eh,*
*Woo-o-o-oh nena,*
*Haz que me divierta esta noche.*

posteriormente se ocupó durante algún tiempo de él, el pequeño John acabó viviendo con su tía Mimi, sería y autoritaria, porque su madre, Julia, se unió a un hombre que no deseaba ocuparse de un niño, aunque Julia nunca dejó de estar cerca de él. Esas circunstancias hicieron de John un muchacho rebelde y siempre enfrentado a sus profesores de los que escribía hirientes historias y les hacía caricaturas. John tenía ya una opinión de sí mismo muy diferente a ese «va camino del fracaso…» y no entendía cómo nadie había descubierto ya, a sus ocho o diez años, que era un genio. Nadie salvo quizá su madre, la que le inculcó el amor a la música y ejerció, de hecho, como la tía soltera y libre que era la alternativa a la vida rígida y burguesa de su tía Mimi y del colegio.

Un jovencísimo John Lennon delante de la casa de su tía Mimi y su tío George, con quienes pasó su infancia.

## El emperador del escenario

La primera vez que el pequeño Richard (Ringo Starr) se atrevió a hacer de actor, su oculta afición, fue en el colegio Saint Silas de Liverpool donde estudió hasta los seis años. La guerra estaba a punto de terminar y el colegio presentó la obra *The Emperor's Carpet* (*La alfombra del Emperador*), en el que Richard tenía un discreto papel que le hizo sentir el gusanillo del escenario. Ringo Starr sintió desde entonces siempre atracción por la profesión de actor y lo demuestra su participación en una treintena de películas y episodios de televisión, algunos muy conocidos. Debutó para la pantalla, con The Beatles, en *Qué noche la de aquel día*, en 1964 y ha actuado en títulos interesantes como *Si quieres ser millonario no malgastes el tiempo trabajando*, con Peter Sellers o en *Listzomanía*, de Richard Lester, donde interpretaba nada menos que al papa Pío IX. En 1981 hizo un divertido papel en *Cavernícola* junto a Dennis Quaid y participó en *The Last Waltz* de Martin Scorsesse con Bob Dylan, Eric Clapton y Neil Young.

## George, el virtuoso

Un día de la primavera de 1955, en el patio del Liverpool Institute donde estudiaba, Paul McCartney, que a la sazón tenía catorce años, escuchó a la guitarra el riff «raunchy», de Bill Justis, tan bien ejecutado que se quedó impresionado.[1] Detrás de unos arbustos, semiescondido huyendo de los profesores a los que odiaba, estaba tocando George Harrison, un muchachito de doce años al que Paul conocía porque, aunque no iban a la misma clase, coincidían en el autobús escolar. George tenía instinto para la música y para la rebeldía; llevaba el pelo más largo de lo autorizado, se vestía como le daba la gana y era la estrella de los castigos de su clase; su pasión por Lonnie Donegan,[2] el rey del skiffle, le impulsó a dejar los estudios y seguir su instinto musical, algo que tenía desde pequeño cuando disfrutaba con Little Richard, Bill Haley o Fats Domino. De hecho ya había formado un grupo musical con su hermano Pete, The Rebels, que no pasó de la primera actuación. George, dos años menor que Paul, le aportó sus horas de trabajo con la guitarra, técnica, acordes e incluso el manejo de las cuerdas y a George le impresionó sobre todo el hecho de que su nuevo amigo Paul ¡sabía afinar la guitarra!, algo que le impactó.

---

1. El *raunchy* era un instrumental creado por Bill Justis & His Band, mítico en la época para los guitarristas.

2. Donegan sería amigo de ellos durante muchos años y estuvo presente en la boda de Eric Clapton con Pattie Boyd en 1979.

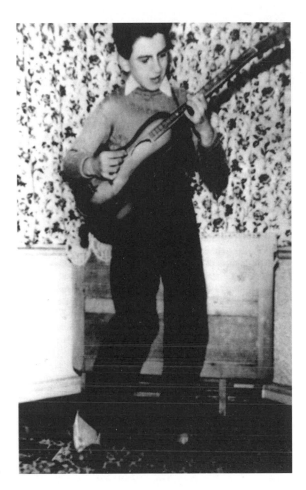

George Harrison a los doce años.

## Hijo de...

John era hijo de Alfred Lennon que, además de desaparecer de la vida y la educación de John ejerció como empleado, portero de hotel y sobre todo marino mercante, muy adecuado para ausentarse largas temporadas e incluso para desaparecer. Paul era hijo de James McCartney, empleado en una empresa algodonera y pianista profesional, siempre al lado de su hijo y de sus tendencias musicales. El padre de George era Harold Harrison, librero, empleado en un barco de cruceros, chofer de autobús la mayor parte del tiempo, profesor de danza y sindicalista, cariñoso y muy cercano también a las ilusiones de su hijo. Ringo era hijo de Richard Starkey, divorciado muy pronto de su madre con la que el pequeño Richard vivió su infancia. Era trabajador en los muelles y esporádicamente limpiacristales o panadero.

En su canción «Mother», John Lennon vertía explícitamente los sentimientos hacia sus padres de los que siempre se había sentido abandonado.

*Mother, you had me but I never had you,*
*I wanted you but you didn't want me,*
*so I got to tell you,*
*goodbye, goodbye.*
*Father, you left me but I never left you,*
*I needed you but you didn't need me,*
*so I got to tell you,*
*goodbye, goodbye.*

*Madre, me tenías pero yo jamás te he tenido,*
*yo te quería, pero sé que tú no,*
*así que tengo que decirte,*
*adiós, adiós.*
*Padre, me dejaste, pero yo jamás,*
*te fuiste y ahora me necesitas, pero sé que no,*
*así que tengo que decirte,*
*adiós, adiós.*

## Unidos por la desgracia

El 31 de julio de 1956, Mary McCartney, la madre de Paul, muere a consecuencia de un cáncer de pecho. Paul tiene sólo catorce años y la muerte de su madre, sostén de la familia y el nexo de unión entre todos ellos, le causa un profundo trauma, tal vez por eso al poco de conocer a John Lennon se establece entre ellos una comunicación indestructible pues un año después de su primer encuentro, John pierde también a su madre. El 15 de julio de 1958 un conductor bebido, policía por más señas, atropelló a Julia Lennon, que resultó muerta a causa de las heridas. A pesar de sus carencias como madre, la pérdida de Julia fue un duro golpe para John pero resultó uno de los hechos que más marcó e intensificó la amistad de John y Paul.

## La primera guitarra

La primera guitarra de John Lennon fue una Gallotone Champion, acústica, que le compró su madre, Julia, pero que le regaló con una sentencia: «Es una buena guitarra, pero no te ganarás la vida con ella», tal vez se equivocó Julia o tal vez se refería a que debería comprarse una eléctrica cuanto antes. El caso es que la Gallotone se vendió en 1999 en subasta por 251.700 dólares.

## La caja de té

En mayo de 1957, John, que actuaba como líder de facto del grupo de jóvenes músicos del colegio Quarry Bank, decidió cambiar —otra vez— el nombre de su grupo por Quarrymen. John tenía diecisiete años, era el mayor de la pandilla, y el resto de componentes eran Eric Griffiths, guitarra; Colin Hanton, batería; Len Garry, improvisado bajo con una lata de te; Pete Shotton a la tabla de lavar[3] y Rod Davis que tocaba el banjo. Tan original y caótico grupo daba conciertos al aire libre para sus amigos y hasta se presentaron al concurso *Star Search*, de la ABC TV, pero no pasaron la prueba de admisión.

---

3. Ese instrumento peculiar, la tabla de lavar, era típica del movimiento musical llamado *skiffle*, una mezcla de folk norteamericano y músicas populares de la década de los veinte y treinta.

## «Te presento a Paul»

El 6 de julio de 1957 tuvo lugar un acontecimiento capital en la historia de la música pop británica. Ese día, en la feria de Woolton en Liverpool, el joven Ivan Vaughan presentó a dos de sus amigos que no se conocían entre sí. Uno de ellos era John Lennon, amigo de su infancia y miembro de los Quarrymen, el grupo musical donde Vaughan tocaba el bajo en algunas ocasiones y Lennon cantaba y tocaba la guitarra. El otro amigo presentado era Paul McCartney al que Ivan había conocido en el Liverpool Institute y con el que había conectado muy bien, en parte por la casualidad que Vaughan y McCartney habían nacido el mismo día, el 18 de junio de 1942 y habían empezado al mismo tiempo en el Instituto. Ivan estaba seguro que Lennon, a pesar de su carácter individualista e introvertido, haría buenas migas con su compañero de clase y no se equivocó; Lennon se quedó enganchado a su nuevo conocido cuando este interpretó a la guitarra «Twenty Flight Rock» y le enseñó un nuevo acorde. A partir de entonces, Quarrymen tuvo un nuevo miembro, esporádico como todos, y Lennon un amigo y colaborador que sería inseparable al menos durante los siguientes veinticinco años. La sintonía de Lennon y McCartney apenas acababa de empezar pero quedaría plasmada en decenas de temas musicales, algunos los de más alta calidad en la historia de la música pop. Las primeras canciones firmadas Lennon/McCartney las compusieron en la casa número 20 de Forthlin Road, en Liverpool, donde vivían los McCart-

6 de julio de 1957, feria de Woolton, el día que Paul encontró a John.

ney. Hoy en día esa casa forma parte del circuito turístico de la vida de The Beatles en la ciudad británica.

## Paul Calamidad

John Lennon y Paul McCartney se acababan de conocer y Lennon decidió invitar a Paul a participar en la actuación de The Quarrymen en un club de Liverpool. Fue el día 20 de julio de 1957 y el resultado fue una auténtica calamidad cuando Paul intentó interpretar «Guitar Boogie» con una guitarra típica con las cuerdas para diestros cuando él es zurdo. Dos días después repitieron actuación en Roseberry Street, en Liverpool, tocando en la parte trasera de un camión a modo de escenario.

> **«This Boy»** fue una de las primeras canciones de **Lennon/McCartney** y de las más destacadas de su producción:
>
> *That boy took my love away,*
> *He'll regret it someday,*
> *But this boy wants you back again.*
>
> *That boy isn't good for you,*
> *Tho' he may want you too,*
> *This boy wants you back again.*
>
> *Ese chico se llevó a mi amor*
> *Algún día lo lamentará*
> *Pero este chico quiere que vuelvas*
> *Ese chico no te conviene*
> *Aunque quizá también te desee*
> *Este chico quiere que vuelvas*

## El maldito rock

Fue el 7 de agosto de 1957 cuando los chicos de The Quarrymen pisaron por vez primera The Cavern, el mítico club de jazz de Liverpool donde se admitían a los grupos de skiffle. Tocaron «Come Go With Me», un tema de Clarence Quick popularizado por Gloria Jones y siguieron con varios temas de rock hasta que el dueño del local les paró los pies con una nota «¡Basta del maldito rock!».

George, John, Paul y un tal Dennis a mediados de 1958 tocando en una boda.

## Debut de Paul

En el verano de 1957, Paul estaba de vacaciones con su familia en un campamento en Butlin's de Filey, en Yorkshire por lo que no pudo actuar en The Cavern con Quarrymen a pesar de que ya había sido admitido en el grupo. Pero sí se pudo inscribir en un Concurso Nacional de Noveles con su hermano Michael. Por primera vez, Paul se subió a un escenario interpretando «Bye Bye Love» y la legendaria «Long Tall Sally» de Little Richard. Al no tener la edad mínima, dieciséis años, no les permitieron participar en el concurso pero sí actuar en el escenario. Poco después, el 18 de octubre, Paul se sumó a Quarrymen sobre el escenario del Conservative Club de Liverpool, aunque su debut en The Cavern con Quarrymen fue el 24 de enero del año siguiente, 1958.

## Segunda mano

La primera guitarra que usó George Harrison, fue una española de la marca Egdmon que su madre, Louise, le compró en 1956 a un compañero de clase, Raymond Hughes, por algo más de tres libras. La guitarra, expuesta actualmente en el Museo de The Beatles en Liverpool, está tasada, si se vendiera, en unos 800.000 dólares. Dos años después, Louise le compró una acústica Hofner por 30 libras, ahorrando dinero de la compra y George mismo la modificó, como hacen los grandes guitarristas, y la volvió a cambiar en 1959 por un modelo Club de la misma marca Hofner. Esta también era usada y se la compró a Ray Ennis de Swinging Blue Jeans, un grupo que todavía a mediados de 2010 seguía en activo.

## Piano Duff

Durante un tiempo, unos meses de 1958, The Quarrymen tuvo un pianista, un chico llamado John Lowe a quien llamaban Duff.[4] Tocaba bien el piano y era un valor añadido para el grupo, pero tenía un problema, su padre no le dejaba llegar tarde a casa y dejaba siempre los ensayos a medias, por lo que al final tuvieron que prescindir de él.

---

4. La traducción podría ser «pudin» o «culo». Dada la personalidad del grupo de chavales sería más lógico pensar en la segunda.

## Estos chicos hacen mucho ruido

A principios de 1959, mientras los Quarrymen grababan la canción «That'll Be the Day», de Buddy Holly y Jerry Allison, tuvieron una discusión con el encargado del estudio que creía que el sonido de la batería, demasiado fuerte, molestaba a los vecinos. Pete Shotton era el batería del grupo aunque sus conocimientos del instrumento eran bastante precarios, pero ruido sí debía hacer. A decir verdad no tocaba exactamente la batería, sino la tabla de lavado. El resto de la banda lo componían Len Garry, Paul McCartney y John Lennon, aunque la entrada y salida del grupo estaba siempre abierta y por ella pasaron Ivan Vaughan, Colin Hanton y Eric Griffiths. Para grabar su siguiente canción tras la discusión, «In Spite of All the Danger», tuvieron que apagar el ruido colocando una bufanda a modo de sordina sobre el «instrumento» de Pete. De hecho, ya habían tenido que dejar su primitivo lugar de ensayo, la casa de Shotton, porque la tía de este les echó también a causa del ruido.

## El ídolo fallecido

«That'll Be the Day» fue la primera canción que Lennon aprendió a tocar en la guitarra. Su autor, Buddy Holly era un ídolo para John y para los miembros de Quarrymen e incluso Paul McCartney incluyó algunos de sus temas en su producción en la década de los setenta. Holly falleció en un accidente de aviación en 1959, el mismo en el que murieron Richie Valens y The Big Bopper.

## ¿Cómo os llamáis?

En los primeros meses de 1960, John, Paul, George y Stu Sutcliffe, actúan en pubs y pequeños locales cambiando constantemente de nombre. Se llaman Johnny and The Moondogs, The Nerk Twins, The Beetles (Grillos) hasta que John cambió entonces una «e» por una «a» quedando el nombre como Long John and The Beatles, aunque no acabaron de decidirse con otras opciones como The Silver Beats, Silver Beetles o Beatles.

## El milagro de Harold MacMillan

En 1960, el Gobierno británico, dirigido entonces por Harold Mac-Millan, declaró abolido el Servicio Militar Obligatorio que había existido desde la declaración de guerra de 1939. La decisión la tomó el Gobierno en parte por razones presupuestarias —se redujo a la mitad el número de soldados movilizados— y en parte por el desastre de la operación militar en el Canal de Suez[5] del año anterior que

Harold MacMillan, el ministro que eliminó el servicio militar obligatorio para los británicos.

5. El desembarco de británicos y franceses en Egipto con apoyo israelí fue una oscura operación con la intención de acabar con el presidente Nasser y que terminó en un rotundo fracaso por la falta de apoyo norteamericano.

provocó la dimisión del anterior Primer Ministro, Anthony Eden. Aquella decisión, que entró en vigor a partir del 1 de enero de 1961, tuvo como consecuencia que John Lennon, Paul McCartney, George Harrison y Ringo Starr no tuvieran que hacer el servicio militar, algo que desde luego no iba nada con el carácter y el modo de vida de ninguno de ellos. McCartney declaró en una entrevista que «aquello fue un milagro».

## Fish and chips

Habituales de The Cavern, el grupo aceptaba actuaciones en diversos locales de Liverpool donde podían hacer lo que les gustaba y ganar algunos chelines, así que aceptaron la propuesta de actuar en un *Riverboat Shuffle*, un concierto a bordo de una barcaza en el estuario del Mersy que organizó McFall, el dueño de The Cavern. A bordo de la motonave Royal Iris, The Beatles actuaron en la noche del 25 de agosto de 1961 con algún que otro conato de mareo. La motonave era conocida como *Fish and chips* (*Pescado con patatas fritas*) porque esa era la cena que se servía a los clientes.

## Sustitutos

En mayo de 1960, con el nombre de Silver Beetles, los contrató Allan Williams para tocar los lunes por la noche en el Jacaranda Coffe Bar de Liverpool. El grupo titular, The Royal Caribbean Steel Band, libraba ese día. El pago por la actuación era en especies: ¡la Coca-Cola y las judías con tostadas que pudieran comer!

Ringo (izquierda) junto a George cuando el primero aún no estaba en los Beatles.

## Un nombre artístico

Al entrar a formar parte del grupo, en 1962, el joven Richard Henry Starkey utilizó su apellido, Starkey, pero le dio un quiebro más sonoro, Starr, y adoptó el nombre de Ringo[6] por su afición a llevar anillos en todos los dedos, aunque en una entrevista —tal vez con mucho sentido del humor— dijo que Ringo era nombre de perro y lo adoptó porque le gustan mucho esos animales. Ringo Starr es el único miembro de The Beatles que utilizó un nombre artístico durante la carrera del grupo y que ha conservado en su carrera en solitario. Nacido el 6 de julio de 1940 en Liverpool, sus padres, Richard y Elise Starkey le pusieron el nombre de Richard Henry. En realidad, el padre, Richard Starkey, se apellidaba Parkin, pero su abuela adoptó el nombre de Starkey tras un segundo matrimonio y su hijo, el padre de Ringo, heredó ese apellido.

---

6. De *ring*, «anillo» en inglés.

## La aventura alemana I

La idea de llevarse a Hamburgo a los chicos de Quarrymen, The Nerk Tweens o The Beetles —pues el nombre cambiaba constantemente— se le ocurrió al empresario Alan Williams a finales de 1959 que se puso en contacto con el promotor alemán Bruno Koschmider y terminó saliéndose con la suya, iniciando la aventura alemana de John, Paul, George, Pete Best y Stuart Sutcliffe. Fue entonces cuando los músicos adoptaron el que sería su nombre definitivo: The Beatles. Todos eran muy jóvenes, George menor de edad, y las dificultades para emprender el viaje se presentaron sobre todo por la tía Mimi, la tutora y madre de hecho de John. Mimi se opuso radicalmente a que John se marchara a hacer semejante viaje, en parte porque no le gustaba la afición musical de su querido sobrino, ni le gustaban sus amigos, ni desde luego dejarle marchar a una ciudad, extranjera, famosa por su barrio portuario en la que se juntaba lo peor de cada casa. Mimi estaba indignada porque se había enterado que en lugar de tomarse en serio los estudios, John se dedicaba a tocar la guitarra en un club. Fue en un día del invierno del 59 cuando la tía Mimi se presentó como un ciclón en el camerino de The Casbah y protagonizó una discusión monumental con su sobrino que, además de no estudiar, le comunicó que se quería ir a Hamburgo. Mimi, finalmente, se dejó convencer por el entusiasmo de John y terminó autorizando el viaje que supuso la primera gira de The Beatles. En agosto de 1960, John Lennon, George Harrison, Paul McCartney, Stu Sutcliffe y Peter Best debutaron cono The Beatles en el Indra Club de Hamburgo, ¡ante dos espectadores!

## Todo un descubrimiento

La tía Mimi tenía algo de razón cuando se oponía radicalmente al viaje de John y el resto del grupo a Hamburgo. Al mismo tiempo que The Quarrymen, Beetles, o The Beatles debutaban en el Indra Club, también debutaron de la mano de Allan Williams en el Reeperbahn de Hamburgo, el barrio donde descubrieron el sexo, las drogas y el alcohol, en cantidad y al mismo tiempo. Los chicos so-

La tía Mimi junto a John.

lían acudir también al Bambi-Filmkunst Theatre, una sala de cine porno en el mismo barrio pero desde el principio contaron con la ayuda inestimable de Horst Fascher, un antiguo boxeador, ex presidiario y camorrista que les acompañaba a todas partes y les protegía en los peligrosos barrios de St. Pauli y Reeperbahn a cambio simplemente de acompañarles a todas partes y fotografiarse con ellos e incluso hacer el coro en alguna canción. Otra de las características de aquellos tiempos era una cosa curiosa: cada vez que interpretaban la canción «Hully Gully» que habían popularizado «The Olympics», la concurrencia del local pasaba rápidamente del baile que provocaba la rítmica canción a la pelea con botellas, mesas y sillas volando por el local.

## The Beatles

Antes de salir para Alemania tuvieron lugar dos hechos importantes en la vida musical de los chicos de Liverpool. Lo primero fue contratar un batería, un puesto que recayó en el único candidato que se presentó: Peter Best. El segundo hecho fue un nuevo cambio de nombre que esta vez sería definitivo. A partir de entonces se llamarían The Beatles.

## La aventura alemana II

A mediados de 1960, el grupo compuesto por John Lennon, Paul Mc-Cartney, Stuart Sutcliffe, George Harrison y Pete Best estaba ya tocando en Hamburgo en conciertos maratonianos, algunas veces de doce horas, en diversos locales nocturnos con una clientela de prostitutas, marineros, chulos, traficantes y delincuentes de todas las especialidades, pero paradójicamente los jóvenes músicos tuvieron dos tropiezos ajenos a su público. El primer problema se presentó en agosto cuando rompieron el contrato con Bruno Koschmider y este, enfadado, denunció a la policía que George Harrison era menor de edad. Naturalmente las autoridades alemanas tomaron cartas en el asunto y le deportaron inmediatamente. El segundo problema les sobrevino en noviembre del mismo año cuando Pete y Paul, en plena juerga en la habitación del hotel, quemaron un preservativo colgado de un clavo de la pared, lo que provocó un pequeño incendio en la habitación con la consiguiente alarma. La cosa no fue muy grave, pero la dirección del hotel les denunció y aunque consiguieron eludir la multa, las autoridades expulsaron del país a Pete y Paul. John decidió volver al Reino Unido con los expulsados y Stuart tuvo incluso que pedir dinero prestado a su novia la fotógrafa alemana Astrid Kirchherr para poder volver a casa. Al regreso de los muchachos, sin dinero, derrotados y

Los primeros Beatles, con Pete Best, a la izquierda.

con el grupo casi deshecho, en una entrevista para un diario musical, el reportero, sin saber con quien estaba hablando, preguntó: «¿Cómo es que unos chicos alemanes hablan inglés tan bien?».

## En la ruina

El primer local en el que trabajaron en Hamburgo fue el Indra, en el número 58 de la calle Grosse Freiheit, desde las ocho de la tarde hasta las dos de la mañana, con pequeños descansos y los sábados de siete de la tarde a las tres de la mañana. Como debían cobrar por semanas vencidas, en la primera semana de actuación no tenían ni un centavo en los bolsillos y sobrevivieron a base de unos cuantos marcos que les prestaba Rosa, la señora de la limpieza,[7] una especie de hada madrina que les lavaba los calcetines y las camisas, les traía chocolatinas e incluso dejó que Paul viviera en la pequeña casa que tenía alquilada en los muelles y en cuya terraza también les dejaba ensayar.

## Mucha mano izquierda

La entrada de Ringo Starr como batería de The Beatles, en 1962, fue en cierto modo una sorpresa. El productor del grupo, George Martin, no estaba satisfecho con Peter Best, el batería con el que habían grabado su primer disco, y propuso que le sustituyera un profesional, Andy White. El día en que The Beatles debían grabar de nuevo se presentaron con Ringo Starr que para entonces era ya considerado un magnífico batería en los ambientes musicales de Liverpool y que había sustituido algunas veces a Best. Martin se sintió contrariado por la presencia de Ringo y sus relaciones se tensaron pues Ringo notó la animadversión de Martin y vi-

---

7. Aunque no hay forma de comprobarlo, lo más probable es que Rosa, la señora de la limpieza y hada madrina, fuera española, emigrada a Alemania como cientos de miles de españoles en la época.

ceversa. Finalmente, tras una tensa jornada de trabajo, George Martin se dirigió a Ringo dispuesto a solucionar el problema y le espetó: «Vamos a ver, ¿qué es lo que no te gusta de mí?». Ringo, con su habitual flema y sentido del humor, le contestó: «Para empezar, tu corbata»; estallaron las carcajadas y la tensión entre ambos pasó a la historia pues todo el mundo estuvo de acuerdo en que la prenda, azul con caballitos rojos, era un auténtico horror.

Gran parte de la originalidad y virtuosismo de Ringo Starr a la batería proviene de que, siendo zurdo, su batería está organizada como si fuera diestro, lo que, a juicio de los profesionales, le da unas características únicas, en especial en contrapuntos. Phil Collins, Steve Smith, Max Weinberg (de la E Street Band) o Dave Grohl, de Nirvana, han reconocido siempre la valía de Ringo Starr y la influencia que ha ejercido en ellos. Su trabajo en la canción «Rain» o en «A Day in the Life» son consideradas piezas de una calidad única.

> **La magnífica «Rain», de Lennon y MacCartney salió en junio de 1966 como cara B de un gran clásico «Paperback Writer». Curiosamente el mismo año en que The Kinks lanzaban el disco *Face to face* que incluía un tema similar, al menos en el nombre, «This rainy day in june».**

## La primera vez

La primera vez que John, Paul, George y Ringo tocaron juntos fue el día 16 de octubre de 1960, en Hamburgo, en el estudio Akustik de grabación. Ringo no formaba parte del grupo todavía y acudió al estudio acompañando a Lou Walters, pero de modo casual, cuando fueron a grabar, Stu no lo hizo pues su calidad tocando era sensiblemente inferior a la de los otros chicos y fue Ringo el que tocó la batería.

## Striptease

Cuando el grupo Silver Beetles se quedó sin batería a causa de la deserción de Tommy Moore, el grupo formado por John, Paul, George y Stu no tuvo más remedio que actuar sólo para su amigo Williams que les envió a un nuevo club de striptease que había abierto en Upper Parliament Street. Los jovencísimos músicos eran el acompañamiento de una stripper llamada Janice. Situados detrás de ella tocaban durante el número hasta que la chica, como final, se desnudaba integralmente volviéndose de espaldas al público y ¡de cara a los cuatro chicos!

## Un mal día de julio

Durante el mes de julio de 1960 tocaron varias veces en el Club Grosvenor Ballroom, de Wallascy, un auténtico antro donde las peleas eran frecuentes. La violencia era tal que finalmente el propietario terminó

Stuart Sutcliffe junto a su novia, la fotógrafa Astrid Kircherr.

con las sesiones de rock y volvió a la antigua función de sala de baile. Stuart Sutcliffe se vio envuelto en una de las últimas peleas en el local y perdió el conocimiento por varias patadas en la cabeza que le provocaron un coágulo de sangre. Pete Best y John le sacaron a tiempo, pero años después aquel coágulo le provocaría la muerte.

## Ventajas de ser zurdo

Ya desde antes de la época de The Cavern y de los clubes de Hamburgo, el bajista y compositor del grupo, Paul McCartney, explotó una gran ventaja desde el punto de vista estético. Paul es zurdo y en el escenario, él y George Harrison podían compartir el mismo micrófono a la hora de cantar, pues el árbol de sus respectivas guitarras no molestaba al otro intérprete. El efecto visual, de ambas guitarras en direcciones opuestas, y la posibilidad de hacer coros usando el mismo micrófono es imposible de imitar cuando los dos intérpretes son diestros y les identificó siempre en las actuaciones públicas. A principios de 1961, después del primer viaje a Hamburgo, Stu Sutcliffe había dejado el grupo y Paul McCartney se encargó de tocar el bajo, George Harrison la guitarra solista y John Lennon la rítmica.

## The Cavern

Siempre se asocia al club The Cavern de Liverpool como el lugar en que nacieron The Beatles, pero la verdad es que cuando empezaron a tocar en el mítico local, ya llevaban una larga experiencia a sus espaldas tocando en The Casbah. Con el nombre de The Beatles actuaron por primera vez el 9 de febrero de 1961 y el contacto para tocar en The Cavern, más grande que The Casbah y con más prestigio, les llegó a través de Bob Wooley, un popular disc-jockey de la época que actuó de hecho, durante una temporada, como representante de The Beatles a cambio de un pequeño porcentaje. En una entrevista para el *Daily Mail*,

George Harrison en The Cavern.

Patricia Inder, amiga y amante de John Lennon, contaba que perdió su virginidad a los quince años con Lennon tras uno de su conciertos en The Cavern y John la invitó a «una fiesta» en su casa que resultó ser sólo una fiesta para dos. John Lennon tenía entonces novia formal, Cynthia Powell, pero le dijo a Patricia que «un hombre necesita más de una mujer».

## Cuestiones familiares

Durante su trabajo para The Cavern, y aún antes, el grupo siempre contó con el aliento de Louise Harrison, madre de George, que siempre apoyó a su hijo y se sintió orgullosa de su carrera. Todo lo contrario de Mimi, la tía y tutora de John que, a regañadientes, iba de vez en cuando a The Cavern para oírles, pero que nunca llegó a aprobar la dedicación a la música de su chico. Se cuenta que en una ocasión que coincidieron ambas mujeres, Louise le comentó a Mimi lo buenos que eran los chicos y esta le respondió: «Me alegra que piense así, pues de no ser por su estímulo podríamos haber tenido unas vidas tranquilas y maravillosas». El padre de Paul, Jim McCartney, también acudía frecuentemente y aunque se quejaba del ambiente pesado y sin aire del local —una auténtica caverna sin ventilación— y de las frecuentes peleas de la concurrencia, estaba orgulloso de la profesionalidad de su hijo.

## El fenómeno fan

Una primera señal de lo que podía ser el fenómeno fan la tuvieron The Beatles el día de San Valentín de 1961, 14 de febrero, durante una actuación en el Casanova Club de Liverpool. Paul cantó «Wooden Heart» y tras la canción se sorteaba un corazón rojo de satén que Paul llevaba prendido en la chaqueta con el nombre de los cuatro integrantes del grupo más un beso a la chica ganadora. Cuando la chica subió al escenario y recibió el beso, el resto de la concurrencia femenina se lanzó sobre el escenario y se formó tal tumulto que los vigilantes del local tuvieron que emplearse a fondo para rescatar a los músicos de las enloquecidas admiradoras.

## Bajo y violín

Uno de los objetos de The Beatles que más ha llamado siempre la atención es el bajo con forma de violín que tocaba Paul McCartney. El primer instrumento de esas características lo compró Paul en Hamburgo, un bajo Hofner de poca calidad adquirido en la tienda Steinway por el equivalente a 30 libras al contado pues Paul no era partidario, como sus compañeros de grupo, de comprar instrumentos mejores y más caros a crédito.

El bajo con forma de violín
de Paul.

## La aventura alemana III

En abril de 1961 The Beatles volvieron a Alemania, a Hamburgo, la ciudad de la que habían tenido que salir derrotados unos meses antes, pero esta vez volvían con mucha más categoría, después de sus éxitos en Inglaterra. Debutaron en el Top Ten Club de Hamburgo y Stu se reencontró con su novia Astrid. Precisamente Astrid había diseñado el corte de pelo de Jürgen Vollmer, uno de los amigos alemanes de Paul al que visitaron en París, que lucía el flequillo hacia delante y el corte largo.

Aquello les encantó a The Beatles y lo adoptaron como su peinado característico aunque Paul siempre había reconocido que no fue un invento suyo, sino que había mucha gente joven que ya llevaba el pelo de aquella manera. Cuando volvieron a casa tras la gira, en el mes de julio, Stu ya no regresó con ellos y se quedó en Alemania con Astrid.

## Un encuentro histórico

El 9 noviembre de 1961, Brian Epstein, joven hombre de negocios dedicado al mundo de la música, se acercó por The Cavern para tratar de localizar a un grupo del que le habían hablado: The Beatles. Dice una leyenda urbana que un joven llamado Raymond Jones había entrado en la tienda de discos de Epstein buscando el disco *My Bonne* grabado por The Beatles en Alemania y aunque no lo tenía, Epstein sintió nacer su curiosidad. Les oyó tocar en The Cavern y el día 3 de diciembre se citó con ellos por vez primera para proponerles ser su mánager. El asunto estuvo a punto de irse al traste porque Paul estaba tomando un baño y llegó tarde a la reunión, cuando Brian estaba a punto de marcharse.

Brian Epstein en los años sesenta.

## Cosas de la fama

Entre el 6 y el 15 de diciembre hubo otras reuniones en las que se llegó al acuerdo de representación que consistía en que Brian les conseguiría la grabación de un disco. Una vez firmados los acuerdos, Epstein dijo: «Yo os haré famosos», a lo que John Lennon, en su línea, respondió: «No. Estás equivocado. Nosotros te haremos famoso a ti». La existencia de Raymond Jones nunca ha sido comprobada y Alistair Taylor, ayudante y secretario de Epstein, afirma en sus memorias que nunca existió y que fue él mismo quien puso a Epstein sobre aviso de la existencia de The Beatles.

## Money, money, money

Al regreso de Alemania, The Beatles eran ya un fenómeno musical imparable. En una época en que la difusión de la música no tenía nada que ver con la que se da hoy en día, sus ingresos venían de lo que cobraban por sus conciertos. A finales de 1961 y principios del 1962, cada uno de los miembros de The Beatles ganaba algo más de diez libras por semana, algo nada desdeñable para unos muchachos de su edad. El encargado de pagarles su «salario» era Brian Epstein que llevaba todas sus cuentas. A la muerte de este, en 1967, The Beatles formaron la empresa Apple para controlar su administración.

## Mánager taurino

Brian Epstein fue el promotor musical más importante de su tiempo hasta su temprana muerte en 1967 a causa de una sobredosis de barbitúricos. Epstein, sobre todo hombre de negocios, ganó mucho dinero con The Beatles, pero no sólo con ellos, sino como representante y mánager de muchos otros grupos y cantantes. Epstein fue mánager de Henry Higgins, uno de los cuatro toreros británicos conocidos hasta la fecha. Higgins era nacido en Colombia, de padre inglés, que se aficionó a los toros tras un viaje a España a donde llegó para aprender a tocar la guitarra. Epstein descubrió que como guitarrista, Higgins no llegaría lejos, pero toreando sí podía llegar a la fama, algo que no pudo conseguir tampoco después de dos sonoros fracasos en las plazas españolas donde fue apadrinado por el torero español Antonio Ordóñez, uno de los más poderosos profesionales del mundo taurino español. Higgins murió en 1978 en un accidente de vuelo sin motor.

## Una nueva imagen

Si Astrid fue la persona que creó el peinado de The Beatles, su vestuario fue sin duda uno de los mayores logros de Brian Epstein. Después de mucho pelear con ellos consiguió que desterraran las chaquetas de cuero, las botas vaqueras y los jeans y que vistieran uniformados con trajes de paño gris con cuello redondo y brillante, el modelo Beatle que haría furor en todo el mundo obra de Burton's Multiple Taylors. La primera actuación sin sus chaquetas de cuero fue el 24 de marzo de 1962 en el Woman's Institute de Barnston. Tan difícil como cambiar el vestuario fue conseguir que no comieran ni bebieran en el escenario y que sus actuaciones de cara al público fueran musicales, nada del show de risas, chistes y diálogos entre ellos a lo que estaban acostumbrados. Lo que Epstein no consiguió, a pesar de sus esfuerzos, fue que dejaran de fumar durante las actuaciones.

## Botas de tradición

Otro elemento indispensable en los Beatles de 1962 eran sus botas puntiagudas, de hebilla y con el llamado tacón cubano[8] que posteriormente fueron copiadas en todo el mundo. Las botas originales de The Beatles eran manufacturadas por Anello & Davide, fabricantes de zapatos italianos establecidos en Londres y de un gran prestigio, espe-

---

8. Es un tacón de bota corto, recto y grueso, especialmente usado por los jinetes en Latinoamérica. En la década de los cincuenta se puso de moda en el calzado masculino.

cialmente en calzado especial para el teatro, pero también para ilustres personajes como Marilyn Monroe, David Niven, Peter Ustinov y Gregory Peck. Gran parte del calzado original para los filmes de Indiana Jones y la Guerra de las Galaxias fueron también manufacturados por Anello & Davide.

## McArtrey

En enero de 1962 la revista musical *Mersey Beat* de Liverpool, la más importante del momento, les ponía en el primer lugar de los grupos más populares aunque con un pequeño fallo, Paul McCartney era según ellos «Paul McArtrey» y Brian los llevó a Londres para grabar una prueba con la norteamericana Decca, una de las más importantes compañías discográficas del momento. La grabación no fue todo lo bien que hubieran querido dado el nerviosismo de los muchachos y días después Brian Epstein pudo entrevistarse con Mike Smith, de Decca, que le anuncio que su jcfc Dick Rowe no firmaría contrato con ellos porque «los grupos de guitarras no interesan, señor Epstein, están pasados de moda», una frase que ha pasado a la historia como ejemplo de «visión» de un ejecutivo. No obstante, Rowe supo rectificar a tiempo su error y consiguió firmar con The Rolling Stones por consejo de George Harrison.

## Mister 25%

El 24 de ese mismo mes, Brian Epstein y The Beatles firmaron el acuerdo definitivo de management que seguiría en vigor hasta la muerte de Brian. El mánager cobraría el 25% de los ingresos brutos de The Beatles, después se deducirían gastos y lo que quedara se repartiría a partes iguales entre los cuatro miembros. A primera vista se observa que Brian Epstein cobraría mucho más que los músicos, sobre todo teniendo en cuenta que la mayor parte de los ingresos en aquella época provenían de las actuaciones en directo.

## John sí, Paul no

Cuando Peter Pilbeam, productor de la BBC, escuchó la grabación de The Beatles que Brian Epstein le envió, hizo algunas anotaciones sobre el estilo de los muchachos de Liverpool en las que, sin entusiasmo, señala cierta calidad musical. Una de esas anotaciones, en lo que se refería a la voz de los cantantes, decía: John sí, Paul no. No obstante, el 8 de marzo de 1962 The Beatles actuó para la BBC, prácticamente la única cadena de radio del Reino Unido, lo que les dio una audiencia inmensa. Su colaboración con la BBC se prolongó hasta 1965 con más de cincuenta grabaciones para la radio, pero ya en ese época les era imposible encontrar tiempo para la radio debido a sus compromisos.

## The Scaffold

En 1962 surgió otro grupo musical en Liverpool, amparado por la gran pujanza del pop-rock en la época. Se trataba de The Scaffold, formado por Roger McGough, John Gorman y Michael McGear. El grupo funcionó hasta 1974 y grabó varios singles, uno de los cuales, «Lyli Pink» llegó al número uno en las listas de ventas del Reino Unido. Michael McGear no era otro que Michael McCartney, hermano de Paul, que además de dedicarse al estilismo y la fotografía hizo una incursión musical que le dio un gran éxito incluso grabando en solitario. Michael no quiso nunca aprovecharse del nombre de su hermano Paul y por eso utilizó un seudónimo, por lo que su carrera musical fue siempre algo personal y de su propio mérito aunque, eso sí, los hermanos mantuvieron siempre una estrecha colaboración y un gran cariño entre ellos.

## El acompañamiento de Tom Sheridan

En 1962, un joven músico llamado Tony Sheridan publicó un disco en Alemania llamado *My Bonnie*, e interpretado, según la carátula, por

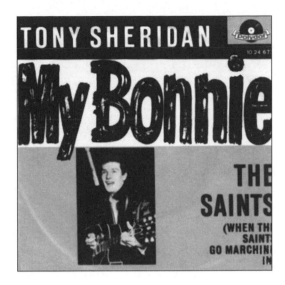

Carátula de *My Bonnie*, de Tony Sheridan
acompañado por The Beat Brothers.

Tony Sheridan and The Beat Brothers. Los chicos que acompañaban a Sheridan como The Beat Brothers no eran otros que John, Paul, George y Pet Best, The Beatles y Tony Sheridan pudo presumir siempre de ser el único intérprete que había llevado a The Beatles como grupo de acompañamiento.

## La aventura alemana IV

El día 10 de abril de 1962 los muchachos de The Beatles sufrieron uno de los golpes más duros de su vida. De Alemania les llegó la noticia de que su viejo amigo Stuart Sutcliffe acababa de fallecer aquella mañana a causa de un trauma cerebral. El desgraciado hecho, que se llevaba a los 21 años a uno de sus mejores amigos, había tenido su origen meses antes en la pelea donde había recibido varias patadas en la cabeza que le habían provocado la aparición de un coágulo convertido en tumor. El día 13 el grupo viajó de nuevo a Hamburgo, esta vez promocionado por Brian Epstein que les había conseguido el Star Club, uno de los mejores locales de la ciudad portuaria. No obstante, a Brian, hijo de clase alta, le horrorizó el ambiente vulgar y violento de la ciudad y en especial se sintió al borde del colapso cuando John Lennon apareció en el escenario desnudo y con una tapa de water a modo de collar, algo que encantó a la distinguida concurrencia de prostitutas y delincuentes y supuso un gran éxito del grupo. Al cabo de una semana, Brian regresó al Reino Unido y lo primero que hizo fue contratar los servicios de un urólogo para que revisara a sus cuatro muchachos.

## Abbey Road

A principios de mayo de 1962, Brian Epstein consiguió una cita con el director del sello Parlophone, una de las marcas que manejaba la poderosa EMI. Epstein se entrevistó con el que, a lo largo de los años, sería el personaje más importante para The Beatles, George Martin. Martin estaba casi convencido que EMI se iba a deshacer de Parlophone y de él mismo, pero aun así se sintió fascinado por la música de

The Beatles y George Martin (en el taburete) en Abbey Road.

los chicos de Liverpool. A su llegada para grabar una maqueta a la imponente mansión de Abbey Road, en el barrio de Saint Wood, donde tenía sus estudios EMI, The Beatles se sintieron absolutamente impresionados y desbordados. Solo les salvó del desastre la inmediata química que surgió entre ellos y George Martin, una sintonía que no se perdería a lo largo de su carrera.

> **El álbum que lleva el nombre de *Abbey Road*, el último grabado como grupo, es el duodécimo en la discografía de The Beatles y los especialistas lo consideran como su obra cumbre. En él están clásicos mitos de la música pop-rock como «Come Together», «Octopus's Garden» o «Heres Comes the Sun» (sin duda la mejor obra de George Harrison). La portada del disco con Paul MacCartney descalzo, con el Volkswagen aparcado a la izquierda o el paso de peatones que están cruzando, son también mitos del diseño. La portada es una de las más imitadas de la historia de la música.**

## En la clandestinidad

En agosto de 1962, a los veintidós años, John Lennon se casó con su novia Cinthya Powell. La joven estaba embarazada del que sería el primer hijo del músico, Julian, pero ni Brian Epstein ni la discográfica EMI Records estaban dispuestos a convertir a su chico en un hombre casado y padre de familia. La boda y el posterior nacimiento de Julian se mantuvieron férreamente en secreto pues la imagen de The Beatles tenía que ser la de unos jóvenes rebeldes y solteros capaces de concentrar los sueños de las adolescentes que compraban sus discos e iban a sus conciertos.

## Músico y panadero

Aparte de la desgraciada muerte de Stuart, el detalle más oscuro de aquellos primeros años de The Beatles lo constituyó la suerte de Pete Best, el que fue batería del grupo desde sus inicios hasta el lanzamiento del grupo por parte de EMI. En los dos años que siguieron a la firma con EMI y a la sustitución de Best por Ringo Starr, The Beatles ganaron casi cuarenta millones de libras mientras Best consiguió un trabajo de panadero a 8 libras a la semana. Las razones del despido fueron musicales para George Martin, de afinidad con el grupo para Brian Epstein y, se dice, que de celos por parte del resto del grupo por la devoción que por él sentían las fans. El día 15 de agosto de 1962 fue el último en el que Pete tocó con ellos y su salida enfureció a su amigo Neil Aspinall, el técnico de sonido, road mánager y hombre para todo que acompañaría a The Beatles en toda su carrera. Años después, Pete volvería a la música y formó su propia banda en 1988.

Con Pete Best a la batería.

## Rechazados

En noviembre de 1962, Ronnie Lane,[9] encargado de variedades de BBC TV tuvo también un momento genial. Después de escuchar durante diez minutos a The Beatles en una audición gestionada por Brian Epstein, les rechazó mediante una carta que remitió días después.

## Quiero ser tu hombre

El primer gran éxito de los Rolling Stones llegó en 1963 con la canción «I Wanna Be Your Man» («Quiero ser tu hombre») que The Quarrymen tenía previsto grabar para un primer single. No obstante, John y Paul consideraron que el tema, compuesto por Buddy Holly y Jerry Allison, cuadraba mejor con el estilo de sus amigos los Rolling Stones y se la cedieron a ellos. Aunque a la larga la grabación de The Beatles fue más conocida —en el álbum *Help*—, lo cierto es que la lanzaron antes lo Rolling Stones por deferencia de The Quarrymen/Beatles lo que deshace el mito, explotado a veces por el marketing, de una rivalidad entre los Stones y los Beatles. Nunca hubo nada parecido y aunque sus carreras tomaron derroteros diferentes siempre mantuvieron excelentes relaciones.

## Todo un récord

Grabar todo un LP de rock en un solo día requiere algo más que un competente equipo técnico. Requiere buenas canciones, virtuosismo y perfección en la ejecución, una sintonía a toda prueba entre los miembros de la banda, esfuerzo, tesón, ilusión por encima de todo, casi diríamos pasión por la música. Todo eso tenían The Beatles en 1963. El

---

9. Nada que ver con el músico del mismo nombre que fue miembro de Small Faces.

LP *Please Please Me*, primero de The Beatles, fue grabado completo en un solo día. Fue el 11 de febrero de 1963 en los estudios EMI de Londres incluyendo catorce canciones entre las que estaban «Please, please me» y «Love me do» que ya habían obtenido un gran éxito como singles. La grabación duró casi diez horas y en el disco se incluyeron temas versionados como «Twist and shout», de Medley-Rusell, o nuevos como «Ask Me Why», obra de Lennon. «Twist and shout» sería uno de sus mayores éxitos y carta de presentación en Estados Unidos.

**La leyenda dice que Allison se inspiró en la película *The Searchers* (*Centauros del desierto*) para escribir «I Wanna Be Your Man» donde John Wayne repite esa frase: «Quiero ser tu hombre, pequeña».**

*I wanna be your lover baby*
*I wanna be your man*
*I wanna be your lover baby*
*I wanna be your man*
*Love you like no other baby*
*Like no other can*
*Love you like no other baby*
*Like no other can*

*I wanna be your man, I wanna be your man*
*I wanna be your man, I wanna be your man*

*Quiero ser tu amante, pequeña*
*Quiero ser tu hombre*
*Quiero ser tu amante, pequeña*
*Quiero ser tu hombre*
*Amarte como nadie más, nena*
*Como nadie más podría*
*Amarte como nadie más, nena*
*Como nadie más podría*

*Quiero ser tu hombre, quiero ser tu hombre*
*Quiero ser tu hombre, quiero ser tu hombre*

## Derechos de semiautor

Nadie discute que The Beatles ganaron muchísimo dinero y que Paul McCartney encabeza habitualmente la lista de músicos con más ingresos del Reino Unido, pero lo cierto es que al principio de su carrera, no eran demasiado eficaces en la administración de su trabajo. Brian Epstein ganaba más dinero que cualquiera de ellos como representante, y en febrero de 1963 dieron un paso en su economía que pudo haber sido importante, pero que se les fue de las manos. John y Paul, los compositores, crearon la empresa Northern Songs Limited para administrar sus derechos de autor, pero con tan mala vista que no se dieron cuenta de que firmaban los documentos de una empresa de la que el publicista Dick James y el contable Charles Silver se quedaron el 51%, John y Paul el 10% cada uno y Brian Epstein el 10% restante, de modo que Dick James y su empleado Charles Silver se quedaron con la mayor parte; se hicieron multimillonarios en poco tiempo a costa del trabajo de John y Paul. Por suerte, el contrato duró hasta 1968 y Lennon/McCartney no lo renovaron.

## Después del concierto

En los primeros años sesenta, los conciertos de rock se daban todavía en teatros con el público sentado y no duraban más allá de treinta minutos. Fue Led Zeppelin el primer grupo de rock que se atrevió a finales de la década a dar conciertos de tres o cuatro horas de duración en locales donde ya se habían suprimido los asientos. Los teatros del Reino Unido en los años sesenta, todos ellos de madera, se ganaron en aquella época la fama de que, al término de los conciertos, ofrecían un aspecto deplorable y un olor a orines que escandalizaba. La explicación era que el público de los conciertos, mayoritariamente, estaba formado por jovencitas y adolescentes que, en plena histeria, llorando, gritando y desmayándose, no podía aguantar sus esfínteres.

## Una noche gélida

La noche del 23 de enero de 1963 ha pasado a la historia de The Beatles por algo ajeno a la música. Esa noche, volvían en su vieja furgoneta conducida por Mal Evans, un técnico de comunicaciones, amigo de Neil Aspinall, que les había llevado a Londres para un concierto y les devolvía a Liverpool donde debían actuar en The Cavern al día siguiente. A medio camino, con una temperatura glacial, se rompió el parabrisas de la furgoneta dejando a los cinco prácticamente a la intemperie. Los cuatro músicos se agolparon unos sobre otros en el asiento de atrás para darse calor mientras Mal se colocaba una bolsa de plástico en la cabeza, con un agujero para ver la carretera, intentando no congelarse. Mal les dejó en casa y devolvió la furgoneta al cabo de unas horas con el parabrisas arreglado. La proeza le valió trabajar con The Beatles durante los diez años siguientes.

George Harrison y Mal Evans.

## La aventura de Twist and Shout

El 11 de febrero de 1963, en una maratoniana sesión de diez horas bajo la batuta de George Martin, verdadero mago de la música, The Beatles grabaron las últimas diez canciones de *Please, Please, Me*, su primer álbum. La última en grabarse fue «Twist and Shout», la pieza original de Meddely y Russell, el rock preferido de John Lennon. Precisamente la grabación fue un suplicio pues Lennon, que debía cantar como solista, tenía un brutal resfriado y su garganta se mantenía a base de leche caliente y caramelos suavizantes. La tos de Lennon quedó grabada entre algunos acordes y George Martin se tuvo que conformar con la primera toma de la voz pues al intentar una segunda, Lennon se quedó literalmente afónico.

## Ex teloneros

El 9 de marzo de 1963, The Beatles inició su segunda gira por el Reino Unido con un primer concierto en el Granada Cinema de Londres. Iban de teloneros de Tommy Roe y Chris Montez, la nueva voz que sustituía a Richie Valens, el mítico forjador del rock chicano fallecido en accidente de aviación. El orden del concierto, teloneros The Beatles y actuación principal Tommy Roe y Chris Montez, sólo duró una noche; el público se volcó con los chicos de Liverpool y a la noche siguiente el cartel había dado la vuelta: The Beatles eran la atracción principal.

## Papá John Doe [10]

El día 8 de abril de 1963, a primera hora de la mañana, nació un bebé en el Liverpool's Sefton General Hospital. Su madre se había inscrito

---

10. John Doe, o «Juan Nadie» es un modo de ocultar el nombre o de decir que no se conoce el nombre auténtico.

como Cynthia Powell, su nombre de soltera, y nadie la relacionó con el ya famoso John Lennon con el que estaba casada. En el momento del nacimiento de Julian, John estaba de gira y fue Brian Epstein quien estuvo en el hospital al lado de la madre en el momento de dar a luz. Nadie sabía quién era aquella muchacha, ni siquiera el personal del hospital. Una semana después, un hombre con gafas oscuras, bigote y un gran sombrero apareció en la clínica para visitar a Cynthia y al bebé recién nacido; nadie reconoció a John Lennon… de momento, porque una indiscreta ventana abierta a la sala de visitas permitió que alguien se fijara en que el hombre que visitaba a aquella joven mamá era el músico de The Beatles. John salió rápidamente del hospital antes de que nadie le relacionara con el recién nacido y Cynthia nunca le perdonó la frustración que supuso para ella.

Cynthia Powell, la primera esposa
de John Lennon.

## Beatles *vs.* Stones

El 15 de abril de 1963, The Rolling Stones lanzó su primer álbum con ese mismo nombre que aludía a la canción de Muddy Waters «Rolling Stone» que haría famosa Bob Dylan. El éxito fue inmediato y apabullante y la prensa intentó entonces crear una suerte de rivalidad entre ellos y los Beatles, pero nada más lejos de la realidad. La música de unos y de otros era muy diferente, como también lo era su público, pero ellos, los dos grupos, estaban formados al fin y al cabo por muchachos de clase baja o media-baja con muchas cosas en común. Su buena sintonía y su amistad era total como también lo era el acuerdo entre Brian Epstein, mánager de The Beatles y Andrew Loog Oldham, el de los Stones. Una parte de su acuerdo entre caballeros era que nunca lanzaban un disco al mismo tiempo, sino que se ponían de acuerdo para alternarse en el número 1 de las ventas. Poco a poco, The Beatles fueron reservándose entonces el aura de «buenos chicos» mientras The Rolling Stones horrorizaban a la sociedad británica con su desvergüenza, sus melenas auténticas —sin estilismo— y su rock mucho más agresivo.

## Beatles & Stones

Tres días después, el 18 de abril, The Beatles actuaban en el Royal Albert Hall en un maratón con otros grupos como The Springfields y The Vernon Girls. Los chicos de Liverpool habían facilitado a los miembros de The Rolling Stones entradas de primera fila y pases de camerino y al término de la actuación, Brian Jones, entonces líder de los Stones, y su mánager Giorgio Gomelsky ayudaron a Mal Evans y Neil Aspinall a cargar en la furgoneta el equipo de The Beatles mientras ellos atendían a las fans que les asaltaban en busca de autógrafos. En su locura, las chicas confundieron a Brian Jones con uno de los Beatles y este tuvo que huir por una escalera lateral perseguido por decenas de fans histéricas.

## Fama y locura

En mayo de 1963, The Beatles era ya un fenómeno social más allá de la música, que había superado todas las expectativas. Sus fans vivían una auténtica locura como lo demuestra el hecho que tuvo lugar en la ciudad de Hanley, en Staffordshire. The Beatles actuaban en el Gaumont Cinema de la localidad y mientras se preparaban para el concierto, tres chicas, fans enloquecidas, treparon por una pequeña escalera metálica con la intención de colarse por la ventana del camerino situado a treinta metros del suelo. Descubiertas por la policía antes de llegar arriba, fueron detenidas y se organizó un gran tumulto porque las jóvenes se negaron a bajar si no conseguían, al menos, un autógrafo de sus ídolos. The Beatles accedieron a ello y finalmente todo acabó bien sin que la policía presentara cargos contra las chicas.

## Un mal trago

En abril de 1963, tras una agotadora gira, The Beatles se sentían más cerca de nunca del cielo, pero Brian pensó que necesitaban unas vacaciones y eligió para ellos la casa de los padres de su amigo alemán Klaus Voorman en la isla de Tenerife, en el archipiélago español de las Canarias. Globalmente, la elección fue muy acertada pues Ringo, Paul y George (John no fue, se quedó en Barcelona con Brian), se sintieron muy a gusto disfrutando de sus playas de arena negra y de los baños en el mar. No obstante, tres anécdotas marcaron la estancia de los muchachos en la bella isla. En primer lugar, cuando se presentaban a los lugareños, nadie sabía quién eran aquellos chicos tan simpáticos con el pelo largo, ¿Beatles?, exclamaban y se encogían de hombros. En segundo lugar, como buenos británicos, tomaron el sol más de la cuenta y sin protección, acabando con una tremenda insolación y la piel absolutamente quemada. Y para terminarlo de arreglar, Paul estuvo a punto de ahogarse cuando se metió en el océano, en la playa de Martiánez, sin darse cuenta que la corriente lo arrastraba hacia alta mar. Su pericia como nadador y mucha suerte hizo que finalmente pudiera volver a la orilla.

## Un hombre enamorado

Durante los días que Paul, George y Ringo disfrutaban de las islas Canarias, John Lennon viajó a Barcelona con Brian Epstein. Al parecer, la intención de Brian era ni más ni menos que seducir a John de quien estaba enamorado, pero Lennon tenía claro que sus preferencias amorosas eran en primer lugar su esposa Cynthia y en segundo las mujeres en general.[11] No hubo nada entre ellos y Brian se conformó con la amistad que siempre le había profesado John y con la absoluta tolerancia de este hacia sus preferencias sexuales.

## La importancia de llamarse Harrison

A mediados de 1963 los residentes de Liverpool que llevaban los apellidos Harrison, McCartney, Lennon o Starkey no paraban de recibir llamadas telefónicas preguntando si era la residencia de alguno de The Beatles. Un periodista llamado George Harrison recibió miles de cartas en su casa dirigida escuetamente a «George Harrison. Liverpool». En las cartas había poemas, confidencias, declaraciones de amor y sobre todo peticiones de un mechón de pelo. Harrison (el periodista) había escrito una columna en un periódico local comentando la aparición de The Beatles en la televisión, en el programa *Thank Your Lucky Stars*,[12] y a partir de ahí empezó a recibir miles de cartas que el servicio de correos creía que eran para él. Ante tal avalancha de popularidad, George Harrison, periodista, se convirtió en uno de los primeros fans de The Beatles.

---

11. En las biografías de The Beatles y de Lennon se asegura que John Lennon nunca fue más allá en su amistad con Brian, pero Cynthia siempre guardó una cierta dosis de celos y desconfianza hacia la relación del mánager y de su esposo.

12. *Thank Your Lucky Stars* era un programa de la ITV dedicado a la música pop. Se emitió entre 1961 y 1966 y era la versión británica de su homónimo de la ABC norteamericana.

## Un mal chiste

Paul celebró su 21 cumpleaños el 18 de julio de 1963 con una fiesta en el jardín de la casa de su tía Jin, Dinas Lane, en la localidad de Huyton. Todo parecía ir bien hasta que a Bob Wooler, viejo amigo de los muchachos, se le ocurrió la mala idea de hacer una bromita con las vacaciones de John y Brian Epstein. John, notablemente borracho, reaccionó con violencia a la insinuación de homosexualidad que hizo Wooler y le propino una paliza de la que el bueno de Bob tuvo que ser atendido de varias costillas rotas y lesiones en un ojo. Años después, John declaró que en realidad se había sentido asustado de la posibilidad de que su homosexualidad fuera real y que el alcohol ayudó a una reacción tan desproporcionada.

Bob Wooler, en primer plano,
y Lennon, al fondo.

## Fans, playa y bañadores

El día 21 de julio de 1963, The Beatles y su mánager se dieron cuenta por primera vez de lo que significaba el fenómeno fan, más allá de un grupo de coleccionistas de autógrafos. El grupo daba una serie de seis conciertos en la pequeña localidad de Blackpool y horas antes de iniciarse el primero, una marea de más de cuatro mil fans colapsaron completamente las calles. Al día siguiente, el grupo realizó una sesión de fotos en la playa de Bream Down disfrazados con ridículos trajes de baño victorianos, pero estuvieron tan encantados que después no se querían quitar los bañadores. Finalmente John se paseó con su prenda durante todo el día y no se lo quitó hasta volver al hotel por la noche. Al local del último concierto en Blackpool, el 4 de agosto, tuvieron que acceder por una rampa montada desde una obra en construcción anexa porque los accesos estaban completamente bloqueados por las fans.

## Fin de un mito

El 3 de agosto de 1963, The Beatles tocaron por última vez en The Cavern, el local que se había convertido en un mito. Fue una noche memorable con la actuación de The Escorts, The Merseybeats, The Roadrunners, The Shapphires y Johnny Ringo and The Colts. George Martin, productor de The Beatles, consiguió entonces colocar en The Cavern a un nuevo grupo, The Hollies que acababan de firmar con EMI.

## Incorrectos

El 14 de septiembre de 1963 salió a la venta la que se consideró hasta el momento la mejor canción de The Beatles, «She Loves You». George Martin, el productor musical del grupo fue el artífice de que se compusiera y grabara una canción que supuso una revolución en la forma de hacer música, la consagración de unos muchachos que cambiarían para siempre la música pop británica. Los chicos de Liverpool abandonaron la precisión en el idioma, la corrección melódica y se lanzaron a interpretar más con el corazón que con la técnica. «She Loves You» subió inmediatamente al número uno de las listas de ventas y se convirtió en una conexión directa con la juventud del momento. Se dice que el padre de Paul, cuando la oyó por primera vez, pidió a su hijo que puliera su lenguaje y en lugar del vulgar «yeah!», pronunciara el correcto «yes».[13]

## ¿Beatlemanía?

En la edición de un periódico londinense del 14 de octubre de 1963 apareció por vez primera el término «Beatlemania» para definir un fenómeno que ya había calado profundamente en la juventud. El término hacía referencia a lo sucedido el día anterior en el exterior del London Palladium donde debían actuar The Beatles. Las fans había bloqueado Argyll Street y se desparramaban por las calles adyacentes. El griterío era tan ensordecedor que hasta John les pidió que callaran.

## La batalla de Estocolmo

Los periódicos suecos del día 24 de octubre de 1963 calificaron la llegada de The Beatles a Estocolmo como «La batalla del aeropuerto de Estocolmo». Miles de enloquecidas fans les esperaban a pie de pista lanzando sobre ellos cientos de ramos de flores. A pesar del enorme despliegue policial, un gran número de fans consiguió colarse en la suite del Hotel Continental reservada para el grupo y la fiesta duró allí hasta la mañana siguiente. Los diarios afirmaron que jamás se había visto algo parecido en Suecia.

---

13. «Yeah», es un vulgarismo utilizado por los jóvenes y en dialectos poco cultos. Es corriente en el inglés de Estados Unidos, pero no en el Reino Unido.

Clásica estampa de la Beatlemanía.

## Ed Sullivan

Ed Sullivan, el hombre de la televisión en Estados Unidos, el periodista mas famoso del momento, pasaba casualmente por el aeropuerto de Heathrow cuando aterrizó el avión que traía a The Beatles de Estocolmo. Fue en ese momento, ante la locura desatada entre las fans, cuando Sullivan tomó la decisión de llevar a aquellos melenudos a su mundialmente famoso show en la CBS.

## Las joyas de la realeza

Tras el lanzamiento de «She Loves You» y la gira por Suecia, la primera salida de The Beatles al extranjero tras la aventura alemana, los chicos de Liverpool, la fea y obrera ciudad inglesa, eran ya un fenómeno musical y social y el día 4 de noviembre de 1963 tuvieron su primera actuación ante la realeza británica. Fue en el London Palladium en un directo grabado para televisión y radio que se emitió el día 10. Al concierto asistió la Reina Madre y un nutrido grupo de nobles y miembros de la alta sociedad, algo que mantuvo aterrorizado a Brian Epstein durante todo el concierto, en especial cuando John, al presentar la canción «Twist and shout» dijo algo así: «Para nuestro último número les pedimos ayuda. Los de las localidades baratas acompañen con palmas; los demás simplemente sacudan sus joyas». El público, de todas las localidades, prorrumpió en carcajadas y aplausos y al día siguiente hasta la Reina Madre confesó que había disfrutado de la broma y del concierto.

## Comida con escolta

El 9 de noviembre, The Beatles actuaba en el Granada Cinema de Londres. El atasco de público frente al local fue tan grande que cuando pidieron algo de comer, la caravana con la comida necesitó de una escolta policial para abrirse camino hasta el camerino.

## Alborotos

La presencia de The Beatles en cualquier ciudad era ya motivo de desórdenes provocados por fans, en especial femeninas, absolutamente descontroladas. En Birmingham tuvieron que salir de la sala de conciertos disfrazados de policías para eludir a las fans y en Plymouth, el 14 de noviembre de 1963, la policía tuvo que disolver a miles de histéricas chicas con cañones de agua, como si fueran revolucionarias al asalto de palacio.

## Las escobas cantarinas

En noviembre de 1963 salió a la venta el álbum *With the Beatles* con una original portada obra del fotógrafo Robert Freeman, un trabajo original dentro de la tendencia que se iniciaba del *pop art*. El álbum incluía algunos temas versionados como «Roll over Beethoven» de Chuck Berry o «You've Really Got a Hold on Me» de Smokey Robinson, pero la crítica alabó sin paliativos las composiciones de Lennon y McCartney y de George Harrison («Don't Bother me»). El álbum, que fue el segundo disco en la historia en vender un millón de copias, se publicó en Estados Unidos con el título de *Meet the Beatles*, pero lo anecdótico del caso fue que en la portada del disco en Colombia, bajo el título *Meet the Beatles* se puso el subtítulo «Las escobas que cantan». Cuesta trabajo averiguar en qué pensaban los responsables colombianos cuando titularon «Las escobas que cantan»; tal vez tenía algo que ver con las melenas, tan denostadas en aquellos años. De cualquier modo, en Sudamérica era, y es, habitual la traducción al español local y en otros países se traducía la palabra «beatle» (en realidad «beetle») por «grillo» y el grupo se llamaba Los Grillos.

*Meet the Beatles,*
las escobas que cantan.

## Portada de *Life*

En el otoño de 1963, The Beatles era ya un fenómeno imparable y los muchachos de Liverpool se sentían libres para cualquier cosa. Después de posar para un reportaje de la cadena CBS y de protagonizar un día memorable en la ciudad de Bournemouth, en Dorset, dieron sonoro plantón al fotógrafo de la revista *Life*, Terence Spencer, que había llegado a un acuerdo con Brian Epstein. La idea era que The Beatles fueran la portada de la revista de febrero de 1964, algo por lo que Brian había luchado con tesón, pero John, Paul, George y Ringo ni siquiera se presentaron a la sesión y la foto de portada del número acabó siendo Geraldine Chaplin.

## El asunto del pelo

No todo el mundo disfrutaba con la música y la desenvoltura de The Beatles. Una parte de la sociedad británica, la más rígida y conservadora, les consideraba una nefasta influencia. John Weigthman, rector del Colegio Clark en la localidad de Guilford, en Surrey, prohibió a sus alumnos que llevaran el corte de pelo de The Beatles con amenaza de expulsión. Sus palabras, reproducidas en los medios de comunicación, fueron: «Ese ridículo estilo saca lo peor de cada joven, los hace parecer tarados».

## Play back

The Beatles no fueron nunca partidarios de actuar en *play back*, salvo que fuera absolutamente necesario. Seguramente la primera vez que lo hicieron fue el 25 de noviembre de 1963 en el Granada TV Center de Manchester. Interpretaron de ese modo las canciones «I Want To Hold Your Hand» y «This Boy».

## Club de fans

El grupo, desde luego por iniciativa de Brian, cuidaba muchísimo a los clubes de fans, la base de su popularidad entre las chicas. El 14 de diciembre de ese año, 1963, dieron un concierto extraordinario para el Club de Fans del sur de Inglaterra, en el Wimbledon Palais. Tras la actuación, los muchachos estrecharon disciplinadamente las manos de ¡tres mil afiliadas al Club! Cuando empezaron a firmar autógrafos, la fila empezó a aumentar exponencialmente por lo que tuvo que ser suspendida. Hubo chicas que hasta les besaban las manos. Como era habitual, durante el concierto no se oyó absolutamente nada de la música, salvo los chillidos de las muchachas frenéticas.

## Papá Noel

En la Navidad del año 1963 The Beatles, dirigidos por Brian Epstein, dan un inesperado giro a su aura de rockeros, muy en la línea de su nueva imagen de chicos buenos. The Beatles se embarcaron en unas actuaciones dirigidas a niños en un espectáculo (espantoso) diseñado por Peter Yolland y presentado por Rolf Harris. Se disfrazan, juegan con los pequeños o hacen bromas con ellos y a pesar de que el espectáculo no era del agrado de ninguno de los miembros del grupo, la verdad es que los niños lo disfrutaron en unas treinta actuaciones por todo el país. Una de las canciones más populares de la radio en aquellos días, fue «All I Want for Christmas is a Beatle» («Todo lo que quiero en Navidad es un Beatle») de Dora Bryan.

**dos:**

Los chicos del pelo largo
(1964-1966)

# dos:

# Los chicos del pelo largo
# (1964-1966)

**Entre finales de 1963 y mediados de 1966** los Beatles se lanzan al estrellato. Son los años de los maratonianos conciertos, de los viajes interminables por todo el mundo, de las fans, de la trilogía sexo-drogas-rock'n roll y de la creación de la Beatlemanía, un nuevo modo de comportarse la juventud. Los años de los inicios del movimiento *hippie* en Estados Unidos, heredero de los grandes mitos beat, Kerouac y Ginsberg. En esos años, The Beatles conquistan el mundo, superan a leyendas como Elvis Presley y lideran lo que se llamaría la «invasión británica» en Estados Unidos. Son los años en que dejan de ser los jovenzuelos lanzados al mundo del rock'n roll para adquirir su propia personalidad. Los años de las aventuras y de la acumulación de anécdotas que podrían contarse tantas como días de gira, de chicas, de escenarios y de aviones. El dúo Lennon/McCartney se presenta como una fábrica de éxitos, imparables, imposible de alcanzar su capacidad de creación y dando al mundo de la música algunos de sus temas más destacados.

## Separados

En enero de 1964, The Beatles viaja a París, a la conquista del difícil y chauvinista mercado francés. Los muchachos se alojan en el lujoso Hotel George V y John y Paul ocupan la misma suite. ¿El motivo?, nada menos que la composición de seis canciones par la película *A Hard Day's Night* que se estaba rodando. Mientras a John y Paul les colocaron un piano en la habitación para trabajar durante toda la noche, George se tomó la noche libre y Ringo se había quedado en Liverpool atrapado porque el aeropuerto estaba cerrado por la niebla.

## Más chicos, menos chicas

Por primera vez en sus giras, The Beatles atrajeron en sus actuaciones en el Odeon de París a más chicos que chicas. El griterío era mucho menor y por tanto la calidad del sonido, por lo que los chicos de Liverpool se encontraron mucho más a gusto tocando, sobre todo cuando durante la actuación de Sylvie Vartan, un icono de la música francesa, los espectadores agolpados en los pasillos no paraban de gritar: «¡Beatles, Beatles!».

## Conquistar París

La actuación del día 17 de enero en el Odeon acabó en un auténtico desastre. Mientras que el concierto en sí había transcurrido con tranquilidad, buen sonido y satisfacción para todos, en la parte de atrás del escenario se generó un conflicto muy violento con los fotógrafos cuando uno de ellos intentó hacer fotografías de modo exclusivo. La pelea saltó al escenario, George tuvo que huir hacia un extremo para salvar su guitarra y Paul tuvo que parar de cantar para pedir un poco de calma. La llegada de los gendarmes para poner orden aún fue peor y la pelea se generalizó implicando al público y a los policías. Los periódicos del día siguiente hicieron hincapié más en los incidentes que en la actuación de los muchachos de Liverpool, minimizando su éxito.

## Descubriendo América

The Beatles llegaron por primera vez a Estados Unidos el 8 de febrero de 1964, aterrizando en el aeropuerto Idlewild de Queens, Nueva York, que acababa de ser bautizado con el nombre de John F. Kennedy. Se calcula que unas cinco mil personas, mayoritariamente jovencitas, les esperaban al pie de la escalerilla aclamándoles como a héroes. Su primer gran éxito en Estados Unidos, «I Want to Hold Your Hand», había alcanzado la cifra de dos millones seiscientas mil copias vendidas cuando finalmente las discográficas norteamericanas se habían decidido a lanzarles después de mucho pensárselo. Para sorpresa del grupo

The Beatles a su llegada a Estados Unidos, 8 de febrero de 1964.

de Liverpool, en la rueda de prensa que dieron en el mismo aeropuerto, la mayoría de preguntas, con un alto grado de ridiculez, se dirigían especialmente hacia sus peinados y el corte de pelo. La reiteración de preguntas sobre ese asunto acabó disparando el sentido del humor de Ringo que finalmente aseguró que llevaban pelucas porque todos eran calvos.

> **Una de las respuestas más divertidas de la rueda de prensa fue la de Ringo Starr a una de las preguntas más tontas: «¿Por qué lleva usted tantos anillos en los dedos?», preguntó el avispado periodista; y Ringo respondió: «Porque no me caben en la nariz». A la pregunta: «¿Qué hacen el hotel entre concierto y concierto?», Paul respondió: «Patinaje sobre hielo».**

## Sweet Caroline

Una joven llamada Caroline Reynolds[15] siguió en taxi a la caravana que llevaba a The Beatles por Nueva York y alcanzó en un semáforo el coche que llevaba a George. Morena, guapa y muy desenvuelta, la muchacha le gritó: «¿Qué tengo que hacer para quedar con un Beatle?», George le respondió «¡Decir hola!» y ella respondió con un sonoro «¡Holaaaa!» y le comunicó a George que había venido desde la ciudad de New Canaan, en Minnesota, con ocho amigas…

---

15. Curiosamente, Caroline Reynolds es el nombre de un destacado personaje de la serie *Prison Break*, emitida por la cadena Fox.

## ¡Les presento a The Beatles!

Al día siguiente de su llegada a Estados Unidos, el 9 de febrero de 1964, The Beatles aparecieron en el más famoso show de la televisión, el de Ed Sullivan que aquella noche alcanzó un récord de audiencia con unos 73 millones de telespectadores. Nada más presentar a los muchachos llegados del Reino Unido, Sullivan leyó a la audiencia el telegrama de bienvenida que acababan de recibir nada menos que de Elvis Presley, lo que se puede decir que consagró definitivamente a The Beatles ante los norteamericanos. Cuando presentó a los cuatro músicos, Ed Sullivan tuvo un gesto divertido al presentar a John y pidió perdón a la audiencia femenina porque, dijo «perdonad chicas, John está casado». Según las estadísticas de la época, durante unos diez minutos del show con The Beatles no hubo ningún crimen en todo el territorio de Estados Unidos.

The Beatles con Ed Sullivan.

## Fuerza mayor

El 11 de febrero, la expedición de The Beatles debía alojarse en el Hotel Shoreham de Washington y a tal fin, la dirección les había reservado la séptima planta, pero a la hora de ocupar las habitaciones, una familia instalada en una habitación de ese piso se negó a cambiarla para dejar la planta completa a los músicos y su séquito. La dirección había asegurado a The Beatles que ese piso era ideal pues estaba de un modo inaccesible a los fans, pero la familia que debía haber marchado aquella mañana, no atendió a las peticiones de la dirección del hotel y se negó obstinadamente a cambiar de habitación por lo que los responsables, comprometidos con la expedición Beatle, cortaron la calefacción, la luz y el agua a los díscolos ocupantes alegando problemas técnicos y de ese modo consiguieron que dejaran su alojamiento.

## Más expectación que con Elvis

El show de Ed Sullivan tenía lugar en un teatro con capacidad para setecientas personas que lo presenciaban en directo. El día de la aparición de The Beatles se recibieron más de cincuenta mil solicitudes para asistir, diez veces más que las recibidas cuando apareció Elvis Presley.

## Acabar con The Beatles

La gira norteamericana produjo infinidad de anécdotas, algunas no muy agradables. Por lo general, los titulares de prensa sólo se ocupaban del asunto de las melenas y del fenómeno de las fans, haciendo caso omiso a la música. Jóvenes norteamericanos, en especial en las zonas rurales o algunas ciudades de la América profunda, se manifestaban contra ellos. En Detroit se vieron carteles donde se decía «Acabar con The Beatles» y John, en una aparición televisiva dijo que ellos iban a acabar con Detroit.

## Un mal recuerdo

Durante ese primer viaje a Estados Unidos, la Embajada británica en Washington les dio una recepción a la que acudieron diversas personalidades de la vida política y social de los británicos en Estados Unidos. El viaje a Washington lo tuvieron que hacer en tren, con el consiguiente colapso de la estación a causa de las fans, porque los aeropuertos estaban cerrados por la nieve. Ringo se había quejado algunas veces de la excesiva familiaridad y a veces agresividad, con que les trataban los fans más elitistas y en la recepción hubo un par de desagradables incidentes, el primero cuando uno de los asistentes, británico de la alta sociedad, dijo: «¡Ah!, pero si saben escribir!», cuando John estaba firmando un autógrafo. Hubo un silencio sepulcral, pero John se limitó a devolver la pluma y negarse a firmar más autógrafos. El siguiente incidente tuvo lugar cuando una dama norteamericana sacó unas tijeras del bolso y pretendió cortar un mechón de pelo de Ringo para llevárselo como recuerdo. La cosa pudo haber acabado muy mal porque Ringo hizo un gesto para liberarse y la señora estuvo a punto de producirle un corte en la oreja. Inmediatamente Brian Epstein sacó a sus chicos de la recepción y les prometió que jamás los volvería a llevar a lugar semejante.

## El caso de los Jelly Babies

En una entrevista para un semanario británico concedida meses antes, George Harrison había dicho con la mayor inocencia que le gustaban mucho los caramelos conocidos como Jelly Babies.[16] A partir de ahí, cuando salían al escenario, miles de fans les lanzaban esos caramelos al escenario. El problema se presentó en Estados Unidos cuando empezaron a llover sobre ellos los mismos caramelos, pero con el agravante de que el modelo norteamericano era mucho más grande y pesado y los

---

16. Los Jelly Babies son caramelos muy populares en el Reino Unidos, en forma de muñeco y de diferentes colores. Su inventor y fabricante fue Trevor Basset, de Sheffield, que los lanzó en 1919.

músicos corrían verdadero peligro de ser alcanzados por aquellas «piedras» lanzadas con la mejor intención.

Los Jelly Babies en su versión inglesa.

## Tomar un bocado

El 14 de febrero por la mañana, después del ensayo para el programa de Ed Sullivan y de una sesión de fotos para *Life*, los muchachos se tomaron un breve descanso que consistió en un paseo en barco por la costa de Miami, pero nada más zarpar descubrieron a dos paparazzis que se había colado y tuvieron que regresar al embarcadero para echarlos. La solución para que el día no se les estropeara la dio Buddy Bresner, un sargento de la policía que las autoridades les habían asignado a The Beatles como guardaespaldas durante su estancia en Miami. Bresner les llevó a su casa donde les presentó a su esposa y a sus cuatro hijos y les invitó a comer, una comida típica del sur de Estados Unidos: rosbif, judías, patatas al horno, guisantes, ensalada y tarta de fresa, pero todo ello en las cantidades más genuinamente americanas. Durante la tarde y la noche, mientras hacían la digestión, los chicos de Liverpool fueron incapaces de salir del hotel, asistiendo a los espectáculos de cabaret del local, pero por supuesto no acudieron a la cena que les habían preparado. Días después repitieron una pantagruélica barbacoa en casa de un millonario de Florida con, según palabras de Paul, «los bistecs más grandes que he visto en mi vida».

## Un pluma llamada Ringo

El día 18, durante sus horas libres, Paul tuvo la idea de acercarse hasta el campo donde entrenaba Cassius Clay (todavía no se llamaba Mohamad Alí), cerca de Miami, preparando su combate contra Sonny Liston. El encuentro fue de lo más divertido y las delicias de los fotógrafos cuando el ex campeón del mundo de los pesos pesados levantó en el aire a Ringo como si fuera del peso pluma… o una pluma.

The Beatles con Cassius Clay (Mohamad Alí).

## Un día muy duro

The Beatles llevaban consigo en sus desplazamientos a Alun Owen, guionista y escritor, que les acompañó para preparar el guión de la que sería la primera película del grupo, *A Hard Day's Nigth*. El filme lo dirigió Richard Lester y se rodó durante dieciséis semanas dándole el aspecto de documental en blanco y negro. El título de la película debía ser *Beatlemanía*, pero no acabó de gustar ni al director ni a los actores y finalmente optaron por *A Hard Day's Nigth* (*¡Qué noche la de aquel día!*), porque Ringo, al terminar un día de trabajo solía decir: «ha sido un día duro», pero cuando lo decía, terminada la jornada, ya era de noche. The Beatles dieron una muestra de su extraordinaria calidad musical cuando Lester, el director, les pidió una canción con el nombre de la película. En una noche, Lennon y McCartney escribieron la magnífica «A hard day's nigth», una de las más destacadas de su repertorio.

«A Hard Day's Night», escrita en una sola noche, expresaba lo que Richard Lester quería mostrar en la película, un duro y divertido día de trabajo que terminaba ya de noche.

*It's been a hard day's night, and I've been working like a dog*
*It's been a hard day's night, I should be sleeping like a log*
*But when I get home to you I find the things that you do*
*Will make me feel alright*

*Ha sido la noche de un día fatigoso,*
*Y he estado trabajando como un perro,*
*Ha sido la noche de un día fatigoso,*
*Y debería estar durmiendo como un tronco,*
*Pero cuando te encuentre en casa y vea lo que haces,*
*Eso me hará sentirme bien.*

## Cumpleaños feliz

El vigesimoprimer cumpleaños de George, el 25 de febrero, recién llegados de Estados Unidos, fue un día terrible para la oficina de Correos de Liverpool. George recibió 52 sacas de correo llenas con 30.000 postales y un cargamento de miles de llaves a modo de felicitación de cumpleaños.

## Sie Liebt Dich

La única vez que The Beatles grabó una canción en un idioma diferente del inglés fue en marzo de 1964 a su regreso de Estados Unidos. Brian consideró que The Beatles debían algo a Alemania, a Hamburgo concretamente, donde el grupo había dado los primeros pasos de su carrera. Les convenció entonces de que grabaran «She Loves You» en alemán, «Sie Liebt Dich», y «I Want To Hold Your Hand», «Komm Gibt Mir Deine Hand». El alemán de los muchachos de Liverpool era poco más que nefasto y el resultado fue terrible en opinión de todos, por lo que Brian, con buen criterio, decidió que nunca más grabarían en otro idioma. Naturalmente, otros artistas de otros idiomas sí han versionado canciones de The Beatles, en especial en francés y en español, pero también hubo una oleada de versiones en japonés con las artistas Mieko Hirota y Elko Shuri.

## La chica del rock

Durante el rodaje de *A Hard Day's Night*, George Harrison conoció a la que dos años después sería su primera esposa, la guapa y delicada Pattie Boyd. Modelo, incipiente actriz, fotógrafa, Pattie fue «la chica del Rock», inspiradora no sólo de George Harrison, sino también de Eric Clapton, con el que estuvo casada, y de Ron Wood antes de que este entrara a formar parte de The Rolling Stones. Harrison le dedicó varias canciones pero entre ellas destaca sin duda «Something», lanzada como sencillo en 1969 y que fue incluida en el LP *Abbey Road* y en sucesivas recopilaciones. Pattie, que tenía veinte años cuando conoció a George, tenía amplia experiencia en las pasarelas pero no había conseguido despegar como modelo en fotografías. Se cuenta que desde que tenía 17 años y empezó a desfilar, mantenía una relación de amor-odio con Eric Clapton que estaba enamorado de ella y le escribió la canción «Layla» cuando ella aún estaba casada con Harrison.

---

**Aunque hubo otras, «Something» es sin duda la mejor de las canciones que George Harrison dedicó a su esposa Pattie y una de las mejores que el Beatle escribió en su carrera.**

*Something in the way she moves,*
*Attracts me like no other lover.*
*Something in the way she woos me.*
*I don't want to leave her now,*
*You know I believe and how.*

*Algo es su manera de moverse*
*Me atrae como ninguna otra amante*
*Algo en su manera de cortejarme*
*No quiero dejarla ahora*
*Ahora creo y de qué manera*

---

## Paradojas

Ringo Starr, o Richard Starkey, había tenido una infancia difícil, seguramente la más difícil de todos los miembros del grupo. Su mala salud en la infancia con una peritonitis que por poco la cuesta la vida y una pleuresía que le tuvo ingresado en un sanatorio hasta los 15 años, hizo que no pudiera ni siquiera acabar la educación primaria. De hecho

Pattie Boyd, la «chica del rock».

cuando salió del colegio apenas si sabía leer y escribir. Pero la vida tiene paradojas y en marzo de 1964, el chico de clase baja de Liverpool, de deficiente formación y batería por afición y por duro trabajo fue nombrado nada menos que vicepresidente de la Sociedad Jurídica de la Universidad de Leeds, una de las organizaciones más prestigiosas de abogados del Reino Unido.

## Músico y escritor

El 23 de marzo de 1964 apareció en las librerías un libro insólito. Era *In His Own Write*, un original y surrealista trabajo de John Lennon, el guitarrista, cantante y compositor de The Beatles; una forma de expresión, la literaria, que hasta el momento sólo se había plasmado en las letras de sus canciones. El libro era una recopilación de poemas y ensayos llenos de imaginación y originalidad y en sólo veinticuatro horas se vendieron más de 40.000 ejemplares. Poco después, la editorial Simon and Schuster publicaba un segundo volumen *A Spaniard in the Works*,[17] un mejor trabajo, más maduro y elaborado en cuya portada Lennon aparecía tocado con sombrero y capa española.

*Dear Sir or Madam, will you read my book?*
*It took me years to write, will you take a look?*
*It's based on a novel by a man named Lear*
*And I need a job, so I want to be a paperback writer,*
*Paperback writer.*

*It's the dirty story of a dirty man*
*And his clinging wife doesn't understand.*
*The son (The Sun) is working for the* **Daily Mail,**
*It's a steady job but he wants to be a paperback writer,*
*Paperback writer.*

*Estimado Señor o Señora, ¿querrá usted leer mi libro?*
*Me ha costado años escribirlo, ¿le echaría un vistazo?*
*Está basado en la novela de un hombre llamado Lear*
*Y necesito trabajo porque quiero ser*
*Escritor de libros de bolsillo*
*Escritor de libros de bolsillo*

*Es la sórdida historia de un sórdido hombre*
*Cuya pegajosa esposa no le entiende*
*Su hijo trabaja para el* **Daily Mail**
*Es un trabajo estable pero él quiere ser*
*Un escritor de libros de bolsillo*
*Escritor de libros de bolsillo*

---

17. En el Reino Unido, el dicho «prácticas españolas» tiene un sentido peyorativo sobre la poca actividad de los obreros españoles y el título refleja un juego de palabras sobre el trabajo, pues el término *spanard* se refiere a una llave inglesa y *spaniard* a «españolito» (*N. del T.*).

Lennon y McCartney compusieron en 1964 la canción «Paperback Writer», donde Lennon, letrista, hacía una incursión en las dificultades de un autor apócrifo[19] para conseguir que se le publicara una obra. Lennon no había tenido que pasar por ese calvario porque sus obras literarias eran recibidas con los brazos abiertos por los editores.

## Frère Jacques

De los muchos detalles divertidos que se encuentran en las canciones de The Beatles, uno de ellos es el que contiene precisamente «Paperback Writer». La letra principal la canta Paul McCartney y los coros los hacen John y George. Pues oyendo atentamente los coros tras la voz principal se oye perfectamente como ambos, George y John cantan la célebre canción popular francesa «Frère Jacques, frère Jacques».[18]

## Un niño llamado Phil

El 31 de marzo de 1964, el grupo dio un concierto en el Scala Theatre de Londres que fue filmado para la película *A Hard Day's Night*. Para la filmación se contrataron a unos trescientos cincuenta jóvenes como extras que debían hacer de público. Entre ellos había un muchachito de trece años, entusiasmado con la música que se llamaba Philip David Charles Collins y sería conocida años después como Phil Collins.

18. La anécdota está recogida en el libro *Les Misecellanées des Beatles*, de Jean-Eric Perrin y Gilles Verant, Les Editions Fetjaine 2010.

## Una pequeña confusión

El 23 abril, día del nacimiento de William Shakespeare, de 1964, John Lennon fue invitado al almuerzo del Foley Literary donde se le iba a conceder un premio por su reciente obra literaria, *In His Own Write*. Lennon, que acudió con una inmensa resaca y no muy lúcido, murmuró unas palabras de agradecimiento que, casi ininteligibles, fueron malinterpretadas por los asistentes. Lennon dijo, o quiso decir, «tank you very much, it's a pleasure» («muchas gracias, es un placer»), pero su forma dialectal y su estado alcohólico hicieron que la segunda parte de su frase sonara como «you've got a lucky face» («tienen cara de felicidad»). El público quedó un momento en silencio y finalmente, pensando que era una de las bromas típicas de The Beatles, aplaudieron y se echaron a reír.

## Paul y el mar

No parece que la relación de Paul McCartney con la playa y el mar sea muy idílica. Después del incidente en la isla española de Tenerife en abril del año anterior, en mayo de 1964 volvió a tener un pequeño contratiempo, esta vez en las islas Vírgenes. Habían alquilado un yate en St.Thomas para salir a pescar con arpón y al poco de sumergirse, Paul se dio cuenta que le rodeaban unas cuantas barracudas, un tipo de tiburón pequeño, pero nada tranquilizador. Con mucho trabajo consiguió salir del agua sin pescar nada y sin que lo pescaran a él. Para acabar de arreglarlo se volvió a quemar la piel con el fuerte sol tomado sin precaución, como le había sucedido en las islas Canarias, y se clavó varias espinas en los pies al pasear por la playa.

## Policía y Ejército

El 4 de junio, The Beatles llegaban a Copenhague con más de 6.000 fans esperando en el aeropuerto. De camino al hotel, el Royal frente al

Tivoli, el número de fans fue aumentando hasta pasar de los 10.000 con intentos de asalto y verdadero peligro para los músicos. Finalmente, la policía danesa consiguió controlar a la multitud con la ayuda de un regimiento de fusileros británicos que regresaban de unas maniobras y se encontraban en el aeropuerto de la capital danesa.

## El caso de las capas azules

El día 7 de junio de 1964, The Beatles realizaban una ruta por los canales de Amsterdam. El espectáculo, más que en la lancha que ocupaban The Beatles, estaba en fans delirantes que se lanzaban al agua para acercarse hasta ellos. En un momento, John se fijó en varias chicas que llevaban unas capas cortas sobre los hombros, una prenda que le entusiasmó. Una chica, con capa, se había lanzado al agua y uno de los ayudantes del grupo se lanzó también al canal y en tan improvisado escenario le compró la capa a la chica. El asunto de la prenda de ropa dio la vuelta al mundo de la siguiente manera: The Beatles viajaban poco después a Hong Kong (todavía enclave británico en China), pero allí, por medidas de seguridad, les fue prohibido salir de la habitación del hotel con la obvia frustración, dado que querían hacer compras en sus famosísimos almacenes. Frustrados y enfadados, consiguieron encargar a fabricantes chinos capas basadas en el modelo que traían de Amsterdam. Terminados los conciertos en Hong Kong viajaron a Sidney (Australia) y al bajar de la escalerilla del avión, con sus flamantes capas sobre los hombros, les sorprendió una lluvia torrencial con el resultado de que las capas (made in China) destiñeron rápidamente y The Beatles acabaron absolutamente azules.

## Fans a distancia

Como queda dicho, la estancia en Hong Kong fue más bien desagradable para The Beatles pues la policía no les dejó en ningún momento salir a la calle o disfrutar de la ciudad y la cercanía de sus fans. En una de las habituales ruedas de prensa un periodista les preguntó qué le parecían las muchachas chinas y Paul, con cierto sentido del humor aunque todavía molesto contestó: «Pues no lo sé, sólo las hemos visto de lejos».

## Amor y odio

A principios de junio de 1964 The Beatles llegaron por primera vez a Australia. Aterrizaron en Sidney provinentes de Hong Kong, donde fueron recibidos como auténticos héroes. Con ellos viajaba la tía Mimi que aprovechó el viaje de los muchachos para visitar a unos familiares. La ciudad de su primer concierto, Adelaida, les tributó un recibimiento apoteósico; más de 300.000 personas, la mitad de la población de la ciudad, se agolpó para recibirles en el aeropuerto y aclamarles por las calles. La pasión se desbordó en el Centennial Hall, en uno de los conciertos más memorables de la gira. Días después, a su llegada a Brisbane, el último hito de la gira australiana, un grupo reducido de enfadados fans (tal vez porque su ciudad fue elegida en último lugar) les recibió lanzándoles huevos y tomates.

## Una escena surrealista

El día 11 de junio de 1964 tuvo lugar en Sidney uno de esos episodios que podrían calificarse de surrealistas, pero también de dramáticos e increíbles, que dan una muestra de una faceta del fenómeno Beatle que no deja de llamar la atención. Acababan de aterrizar en el aeropuerto internacional de Mascot, en Sydney, y los organizadores les proporcionaron un camión descubierto, un transporte de leche, para ir hasta el hotel y que la multitud pudiera verles en persona. La mala suerte fue que, en pleno invierno austral, hacía mucho frío y llovía por lo que el paseo fue cualquier cosa menos agradable. No obstante, todavía en el aeropuerto, con el camión a muy escasa velocidad sucedió algo increíble. Una mujer, totalmente empapada por la lluvia y tal vez llorosa,

The Beatles
en Australia

lanzó al niño que llevaba en brazos a la parte trasera del camión gritando «¡Cógelo, Paul!».[19] El pequeño, de seis años y disminuido psíquico, aterrorizado y lloroso, fue a parar a los brazos de McCartney sin saber cómo y Paul, entusiasmado, gritó: «¡Es precioso, genial!». El camión ya había acelerado para salir del aeropuerto, pero el conductor se percató del hecho y frenó para que la mujer pudiera recoger a su hijo, lo que hizo mientras, hecha un mar de lágrimas, daba las gracias y decía: «¡Ya está mejor!».

## Una desconocida

El 12 de junio, Ringo voló a Australia, vía San Francisco, recién salido del hospital University College de Londres donde se le había tratado

---

19. La anécdota la recoge Barry Miles en su libro *Los Beatles día a día*, Ediciones Robinbook, 2003.

de un problema pulmonar. De entrada se le olvidó el pasaporte con lo que el vuelo salió con retraso hasta que se lo trajeron y eso permitió que otra ilustre pasajera, Vivien Leigh, pudiera abordar el mismo avión. Ringo y la actriz coincidieron en la escalerilla y Brian Epstein, que le acompañaba, les presentó, pero de inmediato quedó claro que Ringo no tenía ni idea de quién era aquella encantadora dama a la que Brian prestaba tanta atención.

## Desde Sounderland con amor

Durante su estancia en Australia tuvo lugar una de las anécdotas más increíbles de la historia de The Beatles. Durante la segunda semana de junio de 1964, mientras realizaban su gira australiana, llegó a la estación de ferrocarril de Melbourne un cajón de madera, de gran tamaño, cuya dirección de destino era «The Beatles. Australia» y el remite Sounderland, Inglaterra. Un funcionario de los ferrocarriles observó unos agujeros en el cajón y eso levantó sus sospechas. Abierto el «paquete» resultó que dentro de la caja viajaba una joven, Carol Dryden, de doce años, que se había embarcado en semejante aventura para poder conocer de cerca de sus ídolos.

Los Beatles en Australia, saludando a la multitud desde el balcón del hotel.

## Didgeridoo

El 16 de junio, el Ayuntamiento de Melbourne les ofreció una recepción, como los ilustres invitados que eran. La policía tuvo que tomar los alrededores para contener a más de 15.000 fans que querían ver a sus ídolos, aprovechando además que era un día festivo y no había colegio. El alcalde, Leo Curtis, ansioso de notoriedad, había ordenado que toda persona que solicitara invitación por escrito fuera autorizada a asistir a la recepción y eso provocó un caos en una sala prevista en principio sólo para 150 personas. Cuando el alcalde les solicitó que firmaran autógrafos, estalló el motín y en medio del tumulto tuvo el buen sentido de sacarles de allí y llevarles a las habitaciones privadas en el segundo piso del edificio. Mientras se disolvía el caos de la recepción, los cuatro músicos, el alcalde, su esposa y el resto de la familia Curtis disfrutaron de una tranquila velada con interpretación de música aborigen australiana con un instrumento de viento llamado didgeridoo que tocaba uno de los hijos de Curtis acompañado al piano por Paul. Días después, Brian Epstein declararía que aquella velada había sido lo mejor, con diferencia, de toda la gira australiana.

## Un saludo de altura

El último día de su estancia en Australia, el 21 de junio, unos golpecitos en las ventanas de su habitación del hotel de Sydney, un octavo piso, les dejaron algo más que sorprendidos. Cuando abrieron la ventana se encontraron con Peter Roberts, un veinteañero de Liverpool, residente en Australia, que había escalado la pared del hotel por las tuberías para saludar a sus compatriotas. Ocho pisos sin luz y sin más agarre que las tuberías conmovieron a John, que había abierto la ventana, así que le dio un trago para quitarle el susto y luego le presentó al resto del grupo.

## Un chico fiel

El 26 de junio, en Nueva Zelanda, Paul se enfadó con John, Ringo y el disc-jockey Bob Rogers a causa de una broma que no le hizo nada de gracia. Por aquel entonces, Paul mantenían una relación con Jane Asher a la que poco después se prometería en matrimono y sus tres amigos, calculando mal, le colocaron en la habitación a una chica, lo que hoy llamaríamos una *groupie*, desnuda. Paul la rechazó amablemente y les reprochó la idea a sus amigos.

Paul junto a su prometida, Jane Asher.

## Cine y realidad

El 6 de julio de 1964 se estrenó la película *A Hard Day's Night* en el Pavillion Theatre de Londres con asistencia de varios miembros de la

Familia Real británica. Los cuatro protagonistas, John, Paul, Ringo y George estaban presentes y el comentario entre ellos fue que se sentían abrumados por verse en la gran pantalla y estaban de acuerdo en que podrían haberlo hecho mejor. Las críticas no obstante fueron bastante buenas y el éxito en las salas apoteósico. Las fans se conportaban igual que si estuvieran en un concierto, con gritos y ataques de histeria como si les estuvieran viendo en directo.

## ¿Liverpool o Londres?

Días después del estreno de la película, The Beatles viajaron a Liverpool y se encontraron con el disgusto de sus conciudadanos y amigos porque la película se había estrenado en Londres y no en su ciudad natal. Durante todo un día, los muchachos se pasearon por toda la ciudad visitando a sus amigos y charlando con todo el mundo para que les pasara el mal trago. Finalmente se les dio una recepción donde se les trató como héroes.

## La electric band...

De los accidentes y pequeños desastres que The Beatles vivieron durante sus años de giras mundiales, uno de los menos conocidos y que pudo tener fatales consecuencias fue el que les afectó el 29 de julio de 1964 en el Johanneshovs Isstadion de Estocolmo, por suerte sin consecuencias. John Lennon y Paul McCartney sufrieron una descarga eléctrica cuando tocaron sus respectivos micrófonos en un ensayo antes de uno de sus conciertos. Al parecer había una mala conexión y los dos llevaban las manos mojadas, lo que provocó un cortocircuito. Esa gira era la segunda que el grupo hacía en Suecia donde ya habían estado el año anterior, y eran sin duda el grupo preferido de los jóvenes suecos. Todavía faltaban diez años para la aparición de Abba.

## Aquel día de julio

El enfado de Paul por la broma de sus amigos metiendo una chica desnuda en su habitación no quería decir que Paul fuera un modelo de fidelidad y monogamia. El 10 de julio de 1964, a la vuelta de la gira mundial, Paul McCartney se encontró con la desagradable sorpresa de más de 30.000 carteles repartidos por toda la ciudad en los que se explicaba la aventura amorosa de Paul y un joven llamada Anita Cochrane y que consistía, la relación, en una fiesta en casa de Stu que había acabado con el embarazo de la jovencita cuando tenía 16 años. Paul siempre negó toda relación con Anita, pero lo cierto es que Brian Epstein, amigo del abogado que llevaba el asunto de los Cochrane, gestionó un acuerdo por el que Paul ayudó económicamente a Anita y a su hijo a cambio de que ella jamás insistiera sobre la paternidad de Paul. El documento se firmó aunque un tío de la joven, en desacuerdo, fue el autor de los pasquines que inundaron Liverpool aquel día de julio.

## Recuerdo de un accidente

El 12 de julio, cuando George se dirigía al Hippodrome Theatre de Brighton para un concierto al volante de su flamante Jaguar, tuvo un accidente de tráfico en Fulham que pudo ser grave pero que, afortunadamente, no tuvo consecuencias. Al menos no consecuencias trágicas porque lo que sí sucedió fue que, cuando los transeuntes se dieron cuenta de quién era el conductor, se lanzaron a recoger trozos de los vidrios y llevárselos como recuerdo.

## Cynthia

Es cosa sabida que Cynthia, la joven esposa de John Lennon, llevaba muy mal todo lo que tenía relación con la fama y las ausencias de su marido. Y lo cierto es que Lennon desarrollaba una aparente indiferencia hacia ella y hacia la vida familiar, pero una de las anécdotas que lo ponen más de relieve es lo sucedido poco antes de la gira por Estados Unidos de 1964. Brian organizó una fiesta de despedida en Londres a la que asistió su decorador Kenneth Patridge y cuando se lo presentó a Lennon este le encargó la remodelación de la casa que se acababa de comprar. Cinthya se enfureció porque ella ya había iniciado la decoración por su cuenta y de pronto se encontró con que, sin consultarla, Patridge tenía presupuesto ilimitado y toda la autoridad para dirigir las obras. La señora Lennon organizó una escena con lloros, gritos y amenazas en presencia de Patridge. Sabiendo que Lennon se iba a Estados Unidos por una temporada, el decorador le preguntó: «¿Y qué hago si ella me dice algo?». «Ignórela», fue la seca respuesta de Lennon. La historia «rosa» del conflicto dice que cuando Kenneth Patridge terminó con el acondicionamiento y decoración de la casa, Cinthya y John, de común acuerdo, realizaron algunos cambios en la decoración más acorde con los deseos de ella, pero eso es algo difícil de creer.

## Unos chicos mod

El día 16 de agosto de 1964, The Beatles actuó en el Opera House de Blackpool junto a otro grupo, de estilo mod,[20] que acababa de lanzar su primer disco. El grupo acababa de cambiar su nombre de The Detours por el de The High Numbers, eran de Londres y su líder era un muchacho de diecinueve años llamado Peter Townshed. Inquietos y descontentos con su mánager, lo despidieron a los pocos días de aquel concierto y cambiaron de nuevo el nombre del grupo para pasar a llamarse The Who.

---

20. El movimiento mod era típicamente londinense con un modo de vestir aparentemente formal, un enfrentamiento radical con los rockers y una música my influenciada por el jazz norteamericano. Sus grupos musicales de referencia fueron, además de The Who, Small Faces, The Kinks o The Animals.

Reseña de The High Numbers,
apenas ocho días antes de tocar
con The Beatles.

## La noche más salvaje

En agosto de 1964, The Beatles realizó en Estados Unidos y Canadá la que sería una de sus giras más intensas e importantes de su carrera. Era la segunda vez que actuaban en Estados Unidos, pero la primera, en febrero, no había sido más que una presentación en el show de Ed Sullivan y en Nueva York y Washington. Pero la gira de agosto y septiembre fue otra cosa. Desde el punto de vista anecdótico hubo de todo. Su actuación en San Francisco, en el Cow Palace fue calificada por la prensa como «la noche más salvaje» por el éxito desaforado y el comportamiento desbocado de las fans. También hubo críticas por lo exiguo del concierto, apenas media hora, cuando ya en Estados Unidos se presentaban shows mucho más largos. El desembarco del grupo en San Francisco provocó tal caos que se organizó un «consejo» para determinar si saldrían o no a saludar a las fans. Finalmente se decidió que sí, pero nada más salir Ringo al escenario preparado para saludar a sus admiradoras se produjo tal escena de histeria que suspendieron la presentación, asustados por una multitud a la que apenas podía contener un contingente de 180 policías.

## En ambulancia

El tercer concierto de la gira norteamericana de 1964, en el Coliseum de Seattle, pilló más preparados a los organizadores e hicieron que los cuatro Beatles llegaran hasta el local camuflados en una ambulancia para esquivar a las fans. Al término del concierto estuvieron más de una hora atrapados en el vestuario hasta que la policía logró controlar a las chicas y pudieron salir. Los agentes se empleaban a fondo con las fans, pero también lo hacían con los músicos. En el concierto celebrado en el Cleveland Public Hall, de la ciudad de Cleveland, el 15 de septiembre, la policía se asustó literalmente por el cariz que tomaba la histeria de miles de adolescentes y pidieron a The Beatles que suspendieran el concierto. Éstos, acostumbrados al espectáculo y sin ver ningún peligro diferente al de otras veces, desobedecieron la orden y siguieron tocando hasta que un policía agarró a George Harrison y lo sacó del escenario. Se detuvo el concierto y ante la irritación de The Beatles se volvió a reanudar después de que los organizadores pidieran a los asistentes un poco de calma.

## El gusanillo del juego

El 20 de agosto, The Beatles actuó en Las Vegas, en el Cow Palace, y como era lógico, los chicos querían acudir al casino a intentar suerte con algún juego. Ante la situación que se podía organizar con las fans, los responsables les rogaron que no lo hicieran y finalmente les instalaron dos máquinas tragaperras en sus suites, pero aquello no les agradó y renunciaron a meter monedas en ellas.

## Polizones

El paso por la ciudad de Seattle el día 21 de agosto fue cualquier cosa menos tranquilo. Hubo cargas policiales, escaladores espontáneos para subir a sus habitaciones, tensa rueda de prensa en la que Paul se despachó contra algunas revistas estadounidenses, carreras y hasta un reclutamiento de marinos de permiso[21] entre el público para ayudar en las tareas de orden público. Cuando ya el grupo había abandonado la ciudad, al día siguiente, las camareras del hotel encontraron a tres chicas de dieciséis años escondidas en una habitación, dos debajo de la cama y una en el armario.

## Una aparición celestial

En la noche del 25 de agosto, The Beatles se encontraban en la mansión de Burt Lancaster en Hollywood, disfrutando de su hospitalidad. Paul y George veían la última película de Peter Sellers en la sala privada de proyección, *A Shot In The Dark* (*El nuevo caso del inspector Clouseau*), Ringo veía la televisión y fue John quien acudió a abrir la puerta de la casa cuando alguien llamó. Era nada menos que Jayne Mansfield, la más espectacular de las actrices del momento a la que Paul quería conocer. Después de las presentaciones, Jayne y John se fueron juntos al club Whiskey-A-Go-Go, al principio acompañados de George que, poco después, hizo mutis por el foro llevándose también al fotógrafo que les acompañaba.

## Buenos chicos

El 28 de agosto estaban ya en Nueva York, la más importante actuación de la gira norteamericana y a las 3 de la mañana les esperaban más de 3.000 fans en el aeropuerto a donde llegaron desde Cincinnati. El hotel elegido era muy discreto, el Delmonico en Park Avenue, pero la intención de mantenerlo en secreto no funcionó y les esperaban cente-

---

21. En las cercanías existe una gran base de la US Navy por lo que había muchos jóvenes marinos en los conciertos de The Beatles.

Concierto en Nueva York, en el Shea Stadium, al que asistieron más de 55.000 espectadores. John comentó que podría haber sido mejor «si hubiéramos podido oír lo que tocábamos».

nares de chicas absolutamente fuera de sí. La aglomeración hizo que derribaran una pesadísima hormigonera de unas obras cercanas sin que, por suerte hubiera heridos y se produjeron infinidad de intentos de acceder hasta ellos, desde dos jovencitas disfrazadas de enfermera que acudían, supuestamente, a atender una emergencia de The Beatles, hasta mensajeras con falsos paquetes en las manos. El jefe de policía encargado de protegerles, Thomas Renaghan, no obstante, se lo tomó con humor y manifestó que John, Ringo, George y Paul eran «unos pedazos de buenos chicos».

## Transporte de pescado

El último día de agosto, The Beatles debían actuar en Atlantic City, en el fabuloso Convention Hall. El grupo estaba alojado en el Lafayette Motel, pero llegada la hora del concierto estaba claro que no podrían salir del motel, absolutamente bloqueado por las fans de modo que era imposible llegar hasta el autobús de la gira. Finalmente los salvó la llegada providencial de un camión de pescado que les sacó y les llevó hasta el autobús que les esperaba algo más lejos. El olor no se lo quitaron hasta después de varios días.

## Accidente aéreo

Poco antes del asesinato de John Kennedy que tuvo lugar en Dallas el 22 de noviembre del año anterior, una medium llamada Jeane Dixon había predicho su muerte y aquello la había hecho famosa en todo el país de modo que todo el mundo se tomaba muy en serio sus predicciones. Pues el día 3 de septiembre anunció que The Beatles tendrían un accidente aéreo en un desplazamiento en Estados Unidos, que tres de ellos morirían y el cuarto quedaría gravemente herido. Obviamente nada de aquello sucedió.

### Jeane Dixon sees peace in 2000, defines mystic talent as 'God-given'

by Kathy Streed

Internationally known prophetess Jeane Dixon, in an appearance Sept. 12 at Morris Civic Auditorium, spoke of her extra sensory perceptions, the world's future, and man's purpose on earth.

Mrs. Dixon, a Washington D.C. real estate broker whose prophecies brought her national attention in the '50's, believes peace will come to the world in the year 2000, but will be preceded by "great trouble" in 1998-99. She says, "Peace will be ours by divine intervention."

A deeply religious woman, Mrs. Dixon advises all men to "use the talents given you by God to make the best of your life. Faith will push you the last inch beyond mediocrity--God and one is a majority.

**Receives 'vibrations'**

She classifies her perceptions as "revelations" and "telepathy." Revelations come to her from God, says Mrs. Dixon, and are His will, which cannot be changed by man's will. She experienced her first revelation when she was seven.

Mrs. Dixon says she has heard the voices of Christ and angels in her revelations. Her foresight of John F. Kennedy's assassination was a revelation.

Telepathy describes the vibration and thoughts Mrs. Dixon receives from men. Through telepathy, she knew of Martin Luther King's and Robert F. Kennedy's impending assassinations.

Through telepathy, Mrs. Dixon has decided that the majority of Americans consider today's most serious concerns to be economic well-being, war, and politics. "This talent is not something you turn on and off like a water faucet," says Mrs. Dixon. She explains that she cannot always, at will, "predict" an event's outcome or some future happening.

**'A God-given talent'**

Mrs. Dixon regards her "gift of prophecy" as a God-given talent, and feels her life's purpose is to develop and use her ability as fully as possible.

Speaking of today's youth, in an

Mrs. Jeane Dixon as she appeared last Friday at Morris Civic Auditorium. (photo by Gene Zehring)

Old Hickory interview, Mrs. Dixon said she believes there is "great hope" for most of the younger generation. However, she says "many will not make it because they refuse to listen to and benefit from the voices

(continued on page 3)

Entrevista a Jeane Dixon, en 1969: «En el año 2000 habrá paz».

## Huracán Beatles

El día 4 de septiembre, en Milwaukee, tuvo lugar también una anécdota que da fe de la histeria que despertaban entre las fans. Brian tuvo la idea de que Paul McCartney telefoneara a una fan que, ilusionada porque tenía una entrada para el concierto, había sufrido un ataque por el que fue hospitalizada. Así lo hizo Paul y cuando la chica, de trece años, se percató de que era el mismísimo Paul McCartney el que la llamaba empezó a gritar de tal modo que la habitación se llenó de enfermeras que se lanzaron como un huracán sobre el telefono que sostenía la muchacha. Días después, el 11, los organizadores estuvieron a punto de suspender la actuación en la ciudad de Jacksonville por la presencia de otro huracán, el Dora, que sumió en el caos la localidad de Florida pero que por suerte permitió la actución de los chicos de Liverpool. Aquella noche, la del 11, sucedió algo insólito, pudieron salir desde el aeropuerto de Imeson, en Florida, con absoluta tranquilidad; entre los efectos del huracán y la discreción de los organizadores, las fans no acudieron a despedirlcs.

## El relevo del número uno

En 1964, The Beatles alcanzan el número uno en las listas de ventas en Estados Unidos desbancando a la conocida como «The Singin Nun», que no era otra que la monja belga Luc-Gabrielle, de nombre auténtico Jeanne Deckers. «The Singin Nun» había figurado en las listas de éxitos en el número uno con canciones como «Dominique nique nique», puro rock con escondidas connotaciones sexuales y con la canción de elogio de la píldora anticonceptiva «La pilule d'or», aunque al principio su especialidad eran canciones dedicadas a Dios. La historia de sor Luc-Gabrielle pareció seguir la de los más duros rockeros como Jimmy Hendrix, Janis Joplin o Jim Morrison. Su vida tomó un camino de alcohol, anfetaminas y problemas con la ley y el fisco y finalmente se suicidó junto con su amante, Annie Pescher, acosada por la depresión y por las deudas. En Sudamérica, donde tuvo gran éxito, la monja belga era conocida como Hermana Sonrisa, y perdió también su primer puesto en las ventas en favor de The Beatles.

## El fenómeno fan

El *Boston Globe*, diario de la ciudad de Boston, publicaba el 14 de septiembre de 1964 una entrevista con una adolescente, sumamente enfadada porque en el concierto que The Beatles ofreció el día 12 en el Boston Gardens, las fans «no dejaban de gritar durante todo el rato. ¡Yo sólo grito cuando están cantando!», decía la jovencita. El mismo día del concierto un grupo de más de cincuenta chicas, absolutamente histéricas persiguieron por las calles de Boston a un chico que llevaba el corte de pelo de los Beatles y al que confundieron con un miembro del grupo. Finalmente, el joven pudo escapar no sin que antes se quedara sin camiseta, hecha jirones a manos de las fans.

## Paseo presidencial

En la ciudad de Pittsburgh, donde actuaron el 14 de septiembre, las autoridades se curaron en salud para la llegada del fenómeno Beatle y montaron un dispositivo semejante al utilizado en las visitas de los presidentes Kennedy y Nixon. Los cuatro muchachos de Liverpool recorrieron las calles de la ciudad en coche descubierto, en una caravana de vehículos con protección policial y aclamados por el público congregado en las aceras y en los balcones.

## ¡Se acabó el concierto!

El incidente más grave de la gira de The Beatles de 1964 en Estados Unidos fue seguramente el del Public Hall de Cleveland del día 15 de septiembre. El desarrollo de la jornada iba más o menos por los cauces normales, con chicas desmayadas, intentos de colarse en sus habitaciones del hotel, escondites ingeniosos para ver a sus ídolos y una oleada de fans intentando subir al escenario del Public Hall. En un momento del concierto, con cientos de jóvenes avanzando hacia el es-

El inspector Carl Bare interrumpiendo el concierto.

cenario sin que la policía pudiera pararlos, un inspector llamado Carl Bare tomó la decisión de subir al escenario en plena actuación de The Beatles y anunciar por un micrófono que el concierto había terminado. Naturalmente no conocia a John Lennon, que no le hizo caso, siguió tocando y le desafió abiertamente, pero el policía tampoco se amilanó y llamó en su ayuda a su jefe inmediato, Michael Blackwell que intentó sacar del escenario a George. Este también se resistió pero tuvieron que dejar de tocar ante el tumulto que se estaba organizando; el público apoyó a The Beatles, claro, gritando y abucheando a los policías, pero Brian Epstein, siempre eficaz y razonable, cuando se cerró el telón, apoyó la postura de los policías tratando de convencer a sus chicos de que había sido lo mejor, teniendo en cuenta que posiblemente había un cierto y real peligro para la integridad de los músicos. La cosa acabó bien, los policías admitieron que no había habido nada malo ni en la actuación ni en el comportamiento de los espectadores hasta el momento y permitieron que siguiera el concierto. Al final sólo hubo un herido, una chica desmayada y una ola de adolescentes que asaltaron los camerinos cuando ya ellos se habían marchado.

## Una oferta que no pudieron rechazar

Las giras del grupo estaban siempre organizadas hasta el detalle por Brian y rara vez se salían de lo previsto, salvo para esquivar a masas de fans o satisfacer algún capricho de los muchachos, pero el día 17 de septiembre, teóricamente un día libre en Estados Unidos, Brian recibió una oferta impresionante. Un adinerado promotor de la ciudad de Kansas City, Charles O. Finley, ofrecio 100.000 dólares para que The Beatles incluyeran a su ciudad en la gira, algo no previsto. A pesar de que era mucho dinero para la época, Brian no aceptó, pero muy americano, Finley subió la oferta a 150.000, mucho más que cualquiera de las actuaciones que habían hecho hasta entonces. Brian lo consultó con los muchachos y éstos se limitaron a responder: «Lo que tú digas, Brian». Así pues aceptaron tocar en el Municipal Stadium en una memorable actuación con más de 20.000 espectadores pero que ni aun así pudieron cubrir las pérdidas de Finley de más de 50.000 dólares, más los 25.000 que donó a un hospital de la localidad para celebrar la visita de The Beatles. A pesar de todo, Finley estaba feliz pues su intención, dijo, era traer a los músicos a su ciudad y no ganar dinero. En el repertorio habitual, The Beatles incluyeron la canción «Kansas City. Hey, hey, hey, hey» que no estaba prevista.

*Ah Kansas City*
*Going to get my baby back home*
*I'm going to Kansas City*
*Going to get my baby back home*
*Well its a long long time too*
*My baby's been gone*

*Ah, ciudad de Kansas*
*Voy a traer a mi chica de vuelta a casa*
*Me voy a Kansas*
*Voy a traer a mi chica de vuelta a casa*
*Es que hace mucho mucho tiempo que*
*Mi chica se fue*

## Adiós a un buen colaborador

La noche del 20 de septiembre, la última pasada en Estados Unidos, tuvo lugar un oscuro incidente que provocó la dimisión del jefe de prensa del equipo, Derek Taylor, que trabajaba también como ayudante de Brian. Aquella noche estalló una agria discusión entre Brian y Derek en el motel Riviera, cerca del aeropuerto Kennedy donde se alojaban todos. El origen del enfrentamiento fue la disputa sobre una limusina que debía recoger a Brian y que salió sin él, sólo con Derek, pero Brian le insultó gravemente y el jefe de prensa presentó su dimisión allí mismo, aunque no la hizo efectiva hasta tres meses después cuando preparó a su sucesor en las tareas que desempeñaba. Derek hizo una interesante carrera posterior en los medios de comunicación y en 1990 asumió el cargo de director de Marketing de Apple Records, la compañía discográfica de The Beatles.

## Carnet de conducir

El 8 de octubre de 1964, Ringo obtuvo el carnet de conducir en el examen que hizo en la localidad de Enfield, al norte de Londres, lejos de la curiosidad de los fans o los periodistas. Era su primer examen y lo pasó sin problemas, tal vez porque desde hacía años conducía un Ford Zephyr por las calles de Liverpool, obviamente sin carnet.

## Autógrafos de autopista

El 9 de octubre, The Beatles iniciaba una nueva gira por el Reino Unidos y el primer concierto lo debían dar en la localidad de Bradford. El grupo llegó tarde al concierto en parte porque la autopista tenía un gran atasco y en parte porque los policías de tráfico les pararon por el camino sólo para pedirles autógrafos.

## Amigdalitis

Entre el 1 y el 10 de diciembre, Ringo estuvo ingresado en el University College Hospital para someterse a una operación de amígdalas. Su presencia provocó un pequeño caos en el hospital, sobre todo cuando recibió la visita de George y de Paul en días diferentes. Fans y periodistas rodeaban el edificio a todas las horas del día.

## Ringo y Liverpool

En diciembre de 1964, tras la publicación de su cuarto álbum, *Beatles for Sale*, los cuatro muchachos de Liverpool ya habían dado el gran salto y se habían convertido en jóvenes millonarios. Todos ellos se compraron sendas villas en el campo para alojarse ellos mismos y sus familias… ¿todos? No. Ringo Starr no. El batería del grupo y su madre Elsie con la que aún vivía se negaron a dejar su casa familiar en Liverpool.

## El frío de las Bahamas

Entre febrero y mayo de 1965 tuvo lugar el rodaje de *Help*, la segunda película de The Beatles, dirigida igualmente por Richard Lester. El rodaje se fue alternando con el trabajo habitual del grupo, ante el público y en los estudios, y tuvo algunas anécdotas divertidas, como era de esperar tratándose de ellos. El rodaje tuvo como escenarios Londres, los Alpes suizos y las Bahamas, concretamente la isla de New Providence. Precisamente en las Bahamas The Beatles se encontraron con una inesperada ola de frío, algo bastante insólito en aquellas latitudes. El vestuario del rodaje era, naturalmente, ropa muy ligera de colores vistosos y aunque la temperatura descendió bruscamente, John, Paul, George y Ringo no tuvieron más remedio que rodar literalmente ateridos con sus camisas hawaianas y sus bermudas.

Rodaje de *Help!* en las Bahamas.

## Escala en Nueva York

El vuelo a las Bahamas del día 22 de febrero de 1965 hizo una escala en Nueva York donde hubo otro pequeño incidente. Las autoridades del aeropuerto pretendían que los cuatro chicos de Liverpool bajaran del avión para pasar la aduana, aunque no tenían intención de entrar en Estados Unidos. Naturalmente se negaron y no bajaron del avión en ningún momento a pesar de la insistencia de las autoridades. Finalmente el avión despegó con ellos dentro rumbo a las Bahamas.

## El bolígrafo nervioso

Durante el rodaje en Londres de *Help!*, Gwyn Blanchard, una jovencita de trece años tuvo una de las alegrías más grandes de su vida. Fan incondicional de The Beatles, Gwyn y una amiga planearon acercarse hasta el set de rodaje para conseguir un autógrafo de sus ídolos. Para ello caminaron bajo la lluvia durante más de media hora hasta la caravana donde se encontraba el grupo preparándose para una larga espera con pocas esperanzas de verles, pero al menos con la ilusión de que alguien les llevaría sus cuadernos para que estamparan una firma. De lo que no se percataron es de que mientras caminaban por la carretera les adelantó el coche donde iban los cuatro miembros del grupo y cuando las niñas llegaron a la caravana se abrió la puerta y un ayudante les hizo un gesto con la cabeza para que entraran. Uno tras otro The Beatles firmaron en sus cuadernos con un bolígrafo de John porque, como contó después Gwyn, el que llevaban ellas, tan nervioso y emocionado como las dos chicas, no funcionaba.

## «*Help!*, ¡hierba!»

Durante el rodaje de *Help!*, en especial en las Bahamas, The Beatles solían rodar las escenas preparándose antes con algo de marihuana. Así lo declaraba Ringo Starr en el documental *The Beatles Anhtology* de 2003 producido por Apple. La relación de The Beatles primero con la marihuana y luego con el LSD fue constante en su carrera y se dice que su iniciación a la hierba vino de la mano de Bob Dylan durante el viaje a Estados Unidos. De aquella primera experiencia habló el periodista Al Aronowitz en un reportaje y fue él mismo el que les proporcionó la hierba.

## Sitar, hinduismo y yoga

También durante el rodaje de *Help!* en las Bahamas fue cuando George Harrison tomó contacto con lo que sería para él un gran descubrimiento: el hinduismo. Un personaje al que conoció en aquellos días, un hindú emigrado, fue quien le proporcionó el primer libro sobre la reencarnación y también por aquellas fechas mantenía correspondencia con Juan Mascaró,[22] profesor español y traductor de diversas obras del espiritualismo hindú, profesor en Cambridge y una autoridad en hinduismo. El aprendizaje del yoga y el sitar vendrían años después, pero la atracción del hinduismo era ya una realidad en *Help!*

## Billete al Paraíso

El 9 de abril de 1965 salió a la venta el sencillo con la canción «Ticket to Ride». La letra hacía referencia a Ryde, un pequeño pueblo de la isla de Wight donde vivía Betty, una prima de Paul a la que él y John visitaban con frecuencia. La canción fue incluida en el álbum *Help* pero en ella hay algo oculto. Durante la estancia en Hamburgo, en el burdel al que solían acudir, las muchachas debían llevar un certificado médico que las autorizaba a ejercer la profesión sin peligro y

El single de «Ticket to Ride».

22. Juan Mascaró Forners nació en la isla de Mallorca en 1897. De educación británica, se interesó desde muy joven por el hinduismo y estudió lenguas orientales en Cambridge traduciendo una veintena de obras de autores clásicos del hinduismo.

a ese certificado, los chicos de Liverpool, le llamaron con sentido del humor el «Ticket to Ryde».

**La letra de «Ticket to Ride» es algo más triste de lo que Lennon/McCartney solían escribir. Lo cierto es que Paul y John nunca se pusieron de acuerdo de quién había colaborado más en la canción.**

*I think I'm gonna be sad,*
*I think it's today, yeh,*
*the girl that's driving me mad,*
*Is going away.*

*She's got a ticket to ride*
*she's got a ticket to ride*
*she's got a ticket to ride*
*but she don't care.*

*She said that living with me,*
*is bringing her down yeh,*
*for she would never be free,*
*when I was around,*

*Creo que me voy a entristecer*
*creo que hoy, sí,*
*la chica que me vuelve loco,*
*se va.*

*Tiene un billete de bus*
*Tiene un billete de bus*
*Tiene un billete de bus*
*y no le preocupa*

*Dijo que vivir conmigo*
*estaba comenzando a deprimirla, sí*
*porque ya no podía sentirse libre*
*cuando estaba con ella*

## Llamada de auxilio

Al igual que sucedió con *A Hard Day's Nigth*, la música para *Help!* fue compuesta de modo independiente y no tenía nada que ver con el argumento de la película. De hecho, la canción «Help!», con letra de John Lennon y música de Paul McCartney, era una auténtica llamada de auxilio que Lennon lanzaba en un momento de profunda insatisfacción consigo mismo. Físicamente se sentía mal, con excesos en comida y bebida y en cuanto a su moral empezaba a sufrir la servidumbre de la fama

*Help!* era un auténtica llamada de auxilio de Lennon que no estaba en su mejor momento vital:

*Help, I need somebody,*
*Help, not just anybody,*
*Help, you know I need someone,*
*Help!*

*When I was younger, so much younger than today,*
*I never needed anybody's help in anyway.*
*But now these days are gone, I'm not so self assured,*
*Now I find I've changed my mind, I've opened up the doors.*

*¡Socorro! necesito a alguien*
*¡Socorro! no a cualquiera*
*¡Socorro! sabes que necesito a alguien*
*¡Socorro!*
*Cuando era más joven, mucho más joven que ahora*
*Nunca necesitaba la ayuda de nadie*
*Pero esos días ya pasaron y ahora no estoy tan seguro de mí mismo*
*Ahora encuentro que he cambiado de opinión, he abierto las puertas.*

con la que no se llevaba bien. «La canción era sobre mí», diría más tarde, pedía auxilio y pretendía exponer sus sentimientos, aunque la presión del entramado «Beatle» les obligó a componer una música fuerte y alegre, una música «beatle» cuando lo que, sobre todo Lennon, hubiera deseado algo más cercano a la balada o al lamento. La canción, letra y música, fue compuesta en veinticinco minutos después de que en una reunión con Richard Lester decidieran el título de la película.

## Portobello Road

El 17 de abril de 1965 fue un día especial para John Lennon. Ese día recorrió las tiendas y puestos de mercadillo de Portobello Road comprando muebles y objetos para la casa que se acababa de comprar. El caso es que iba absolutamente disfrazado con gabán, gorra de visera, gafas y bigote postizo, pero no pudo engañar a un camarero de Ladbroke Grove que reconoció su cara y su acento cuando le pidió «algo fuerte».

## «Yesterday», hoy y siempre

En el disco editado con el mismo nombre, *Help!*, se incluyó una balada que, años después, está considerada como un hito de la música pop. Es el tema llamado «Yesterday» compuesto a finales de mayo de 1965 pero que nunca quisieron lanzar como single por ser demasiado «blanda» para la imagen que The Beatles tenían entonces. Aunque se firmó como era habitual Lennon/McCartney, era obra de Paul que escribió la letra en el coche que le llevaba a su lugar de vacaciones al sur de Portugal y fue la primera de sus canciones que cantó uno solo de los miembros del grupo, en este caso el mismo Paul con un único acompañamiento de violines. La canción ha sido versionada por más de 3.000 intérpretes en todo el mundo e interpretada millones de veces.

La letra, probablemente obra de Paul, era muy nostálgica y poco adecuada al estilo que, según los productores, tenían The Beatles en aquel momento.

*Yesterday, all my troubles seemed so far away.*
*Now it looks as though they're here to stay.*
*Oh, I believe in yesterday.*
*Suddenly, I'm not half the man I used to be,*
*There's a shadow hanging over me,*
*Oh, yesterday came suddenly.*
*Why she had to go I don't know she wouldn't say.*
*I said something wrong,*
*Now I long for yesterday.*
*Yesterday, love was such an easy game to play.*
*Now I need a place to hide away.*
*Oh, I believe in yesterday.*
*Why she had to go I don't know she wouldn't say.*
*I said something wrong,*
*Now I long for yesterday.*
*Yesterday, love was such an easy game to play.*
*Now I need a place to hide away.*
*Oh, I believe in yesterday.*
*Mm mm mm mm mm mm mm.*

*Ayer*
*Todos mis problemas parecían tan lejos*
*Ahora es como si estuvieran aquí para siempre*
*Oh, creo en el ayer*
*De pronto*
*No soy ni la mitad del hombre que era antes*
*Una sombra se cierne sobre mí*
*Oh, de pronto llegó el ayer*
*¿Por qué tuvo que irse?, no lo sé*
*No me lo dijo*
*Yo dije algo que no debía*
*Ahora anhelo el ayer*
*Ayer*
*El amor era un juego tan fácil*
*Ahora necesito un lugar donde esconderme*
*Oh, creo en él ayer*
*¿Por qué tuvo que irse?, no lo sé*
*No me lo dijo*
*Yo dije algo que no debía*
*Ahora anhelo el ayer*
*Ayer*
*El amor era un juego tan fácil*
*Ahora necesito un lugar donde esconderme*
*Oh, creo en el ayer.*

## Un buen acuerdo

Es sabido el acuerdo que Lennon y McCartney mantuvieron durante la existencia de The Beatles, en el sentido de que todas las canciones que compusieran serían firmadas por ambos, algo que, en términos generales, les fue muy beneficioso, pero no exento de problemas, sobre todo cuando el grupo se deshizo y las rencillas fueron más importantes que la amistad. De hecho, cada uno de ellos componía por separado sin ningún problema y no son demasiadas las canciones «fabricadas» entre los dos, más bien la mecánica consistía en que uno, cualquiera, hacía una canción que el otro revisaba, introducía modificaciones o dejaba tal cual, sin normas. Las canciones que se sabe positivamente que fueron creadas entre los dos son un puñado, entre ellas «She Loves You», «I Want To Hold Your Hand» o «With A Little Help From My Friends». Otras, emblemáticas, fueron compuestas individualmente, como «Yesterday» por Paul o «Ticket To Ride» por Lennon.

## Un amigo para, casi, toda la vida

En 1965, cuando The Beatles estaban en la cumbre de su fama, John Lennon tuvo un detalle con su viejo amigo Pete Shotton. Shotton había formado parte de The Quarrymen en los principios musicales del grupo, pero su afición a la música era escasa, así como sus aptitudes para la batería. A pesar de que era el mejor amigo de John, The Quarrymen acabó despidiéndolo, algo que Shotton se tomó bien, pero Lennon siempre mantuvo la amistad con él y en 1965 le compró todo un supermercado en Hayling Island, al sur de Inglaterra, para ayudarle a ganarse la vida. Shotton se convirtió en un hombre de negocios y siempre estuvo muy cerca de The Beatles, incluso participó algunas veces en sesiones de grabación tocando algún instrumento de percusión, hasta que la llegada de Yoko Ono lo alejó definitivamente de sus viejos amigos.

Pete Shotton (de blanco) en la época de The Quarrymen.

## Cumpleaños feliz

John, George y sus respectivas esposas, Cynthia y Patti, habían recibido la invitación del irrepetible Allen Ginsberg, el poeta contracultural nacido del movimiento beat de los cincuenta, para asistir a su fiesta de cumpleaños. Ginsberg cumplía 39 años el día 3 de junio de 1965 y para celebrarlo organizó el festejo en un sótano de Chester Square, preparado al efecto. Cuando John y George con sus chicas llamaron a la puerta les abrió el propio Allen Ginsberg completamente desnudo. Después de las presentaciones de rigor, los cuatro salieron lo más rapidamente posible de la fiesta antes de que empezaran a llegar los periodistas. «¡Por Dios, no hagáis esto cuando lleguen los fotógrafos!», dijo John a uno de los organizadores de la fiesta.

## Rockero y caballero

El 11 de junio de 1965 The Beatles se enteraron, asombrados, que el Primer Ministro (laborista) Harold Wilson había decidido concederles la Orden del Imperio Británico[23] por sus destacados servicios a la Corona como músicos famosos en todo el mundo. El asunto no dejó de ser polémico y un tanto peculiar, en primer lugar por las protestas de varios de los miembros de la Orden que consideraron un deshonor compartir su condecoración con unos «melenudos» cuyo único mérito era tocar la guitarra. Muchos de ellos devolvieron sus condecoraciones por semejante afrenta, pero la respuesta de los muchachos de Liverpool fue cualquier cosa menos ofendida. La respuesta de John fue «[…] se supone que esto lo ganas por matar gente y cosas así, nosotros sólo divertimos a la gente, creo que nos la merecemos más […]». George fue más escéptico: «[…] no creo que se obtenga este tipo de cosa sólo por tocar Rock and Roll». Paul se preguntó en una entrevista: «¿Esto convierte en lord a mi padre?», y Ringo, siempre con su fino humor, dijo que le serviría para limpiarle el polvo cuando fuera mayor.

The Beatles con la medalla de la Orden del Imperio Británico.

---

23. Existen cuatro niveles de importancia y a ellos se les concedió el más bajo, el MBE, Member of the British Empire.

## ¿El primer *trip*?[24]

En abril de 1965, The Beatles hizo uno de esos descubrimientos que los jóvenes de los sesenta podían tener o no tener, pero que en su caso lo hubo y de la forma más curiosa. Todos ellos y también sus chicas acudían a cuidar su dentadura a la consulta de un doctor londinense del que, por razones obvias, no se conocía su nombre hasta hace poco. Según el escritor Steve Turner se trataba de John Riley, que tenía su consulta en Bayswater, quien después de mucho insistir consiguió que The Beatles y sus chicas aceptaran una invitación a cenar en su casa. A la hora del café, el doctor les echó a cada uno de ellos un inofensivo terrón de azúcar en el que había dejado caer unas gotas de Dietilamida de ácido lisérgico, más conocido como LSD. El resultado, como es fácil que suceda con este potente alucinógeno, fue catastrófico. Cinthya y Patti estaban literalmente aterrorizadas, John se puso a dibujar formar extrañas y George a tocar la guitarra de forma compulsiva.[25] La experiencia fue muy negativa, pero suposo el primer contacto de los chicos con el LSD que les llevaría a trabajos como «Day Tripper» y «Got To Get You Into My Life» y la leyenda urbana la relaciona con «Yellow submarine» o «Lucy in Sky with Diamonds».

## El horario escolar

A finales de junio y primeros de julio de 1965, The Beatles hizo una gira por el sur de Europa, actuando en Francia, España e Italia. Se programaron conciertos en París, Lyon, Génova, Roma, Milán, Madrid y Barcelona, pero en todos ellos, los organizadores notaron que la afluencia de niñas y adolescentes, el grueso del público que acudía a verles, era notablemente más bajo que en las giras por el norte, como en Suecia, Ale-

---

24. En inglés coloquial entre los jóvenes de los sesenta un «trip» o un «tripy» era entendido como un «viaje» con LSD.

25. La reacción al LSD tiene mucho que ver con el carácter y la estabilidad mental del que la consume y puede ir desde la diversión simple, con alucinaciones de colores hasta el ataque de terror y el suicidio.

mania o el mismo Reino Unido. Finalmente se percataron de la razón: ellos no lo sabían, pero los conciertos en esos países solían hacerse mucho más tarde pues los horarios escolares en Francia, Italia y España se alargan mucho más por las tardes que en el norte del continente, por lo que cuando tocaban The Beatles, las fans ¡aún estaban en el colegio!

## Una experiencia desagradable

El concierto en Madrid, capital de España, en la gira europea de 1965 tuvo lugar el día 2 de julio en la plaza de toros de Las Ventas, donde solía hacerse el espectáculo taurino. Del grupo musical, sólo Ringo se atrevió a asistir a una corrida que tuvo lugar el día anterior, 1 de julio en la misma plaza. Ringo declaró posteriormente que se había sentido turbado por la extrema violencia del festejo taurino.[26]

---

26. Se trataba de la anual Corrida de la Prensa y el cartel lo compuso Diego Puerta, José Fuentes y El Pireo, con toros de Carlos Urquijo.

También finalizaron la gira impactados por lo que consideraron «extrema violencia» de la policía y las fuerzas de seguridad contra las fans, especialmente en Italia y en España.

## Real estreno

*Help!* fue estrenada en el London Pavillion el 29 de julio de 1965 con la asistencia de la princesa Margarita, hermana de la reina Isabel, acompañada de su marido, lord Snowdon. Las ambulancias tuvieron que llevarse a varias chicas por desmayos y el Rolls-Royce de John Lennon no se pudo abrir camino hasta veinte minutos después de iniciada la proyección. La recaudación del evento, unas 6.000 libras, se dedicó a fondos benéficos.

## Un hito en Nueva York

En agosto de 1965 The Beatles realizaron su tercera gira en Estados Unidos. El día 15 de agosto su actuación en el Shea Stadium de Nueva York marcó un hito en la historia de la música pop con una asistencia de más de cincuenta mil fans entusiasmadas; seiscientos policías y dos mil empleados cuidaron de la seguridad y el orden del acto y el grupo llegó en helicóptero hasta el aparcamiento del estadio y de ahí en un furgón blindado hasta el escenario. Horas antes, en el show de Ed Sullivan, Paul McCartney había interpretado por primera vez en directo la canción «Yesterday».

## Toronto, un récord

La actuación en Toronto, dos días después, el 17, batió un récord de temperatura y de desmayos. Más de trescientas jovencitas tuvieron que ser atendidas por los servicios de emergencias y la temperatura en el Maple Leaf Gardens alcanzó los 33 grados centígrados. Al día siguiente, The Beatles, en el New Atlanta Stadium, pudieron disfrutar de un magnífico sonido por primera vez desde hacía mucho tiempo, que se pudo superponer a los gritos de las fans.

## La aventura texana

En Atlanta, el 18 de agosto, la experiencia fue magnífica. El sonido del Atlanta Stadium fue sin duda el mejor del que nunca habían disfrutado, de modo que podían oirse sus canciones, voces e instrumentos, por encima del griterío de las fans. Pero cuando su avión, procedente de Atlanta, llegó a Houston, en el estado de Texas, al día siguiente, se encontraron con que la policía de la ciudad se había desentendido completamente de The Beatles; no había ni un agente y los fans se lanzaron literalmente sobre el avión incluso antes de que hubiera parado los motores. No pudieron salir del aparato hasta que llegó a buscarlos una grúa para sacarlos lejos del tumulto.

## El viaje de Peter Fonda

En una entrevista concedida años después, John contaba el día en que conoció a Peter Fonda, en una casa que habían alquilado en Beverly Hills después de tocar en Portland. Era el 24 de agosto y The Beatles recibieron en la casa la visita de los miembros de The Byrds y de un número indeterminado de chicas. Según John, los miembros del grupo estaban en pleno viaje[27] de LSD y cuando el actor, hermano de Jane Fonda, se percató le advirtió a John al oído que él ya había estado muerto antes.[28]

---

27. *Trip* en el original en inglés.
28. Seguramente Peter Fonda le hablaba de algún mal viaje a causa del LSD.

## El dilema de Chris

En octubre de 1965, el cantante Chris Farlowe, fundador del grupo Thunderbirds, se encontró en casa con un disco que le había dejado Paul McCartney para que lo escuchara. El disco llevaba grabada sólo una canción que, al parecer, Paul no consideraba del todo adecuada para The Beatles, pero que pensó que podía ser buena para Farlowe al que conocía de sus viejos tiempos en grupos de skiffle. Chris la oyó, le gustó pero tampoco le acababa de convencer por una cuestión de estilo. No se acababa de decidir y antes de darle una respuesta a Paul llamó a otro amigo muy relacionado con la música, Eric Burdon,[29] y le contó la historia. Finalmente, Chris rechazó la canción por «demasiado blanda» a pesar de que le gustaba. Era, obviamente, «Yesterday», una de las mejores canciones nunca escritas.

Chris Farlowe en los años sesenta.

---

29. Eric Burdon, cantante y fundador de The Animals es quien cuenta la anécdota en sus memorias.

## Liverpudlian

En septiembre de 1965, se empezó a emitir en la cadena norteamericana ABC una serie de dibujos animados sobre The Beatles, con ese mismo título, *The Beatles*, con guiones de Peter Sander, Dennis Marks, Jack Mendelsohn, Heywood Kling y Bruce Howard. La serie tuvo cierta aceptación e incluía canciones del grupo, pero hubo un problema: los productores optaron por un inglés con acento típico de Liverpool, el *liverpudlian*, y los niños norteamericanos tenían dificultades para entender los diálogos.

## Días de un futuro pasado

El 3 de diciembre de 1965, The Beatles iniciaron la que sería su última gira por el Reino Unido y la penúltima de su carrera. Dieron nueve conciertos que se iniciaron en Glasgow el 3 de diciembre y terminaron en Cardiff, Gales, el día 12. Como teloneros iba un grupo que se había dado a conocer en Birmingham dos años antes y que sigue en activo, aunque eso sí, con algunos cambios en su composición original. Se trata de The Moody Blues que en 1967 alcanzarían la fama con su álbum *Days of Future Passed* que incluía la legendaria «Nights of White Satin».

## Feliz Navidad, periquito

En la Navidad de 1965 una nueva tarjeta de felicitación podía ser adquirida y utilizada por los fans de The Beatles. John Lennon, artista polifacético que ya se había destacado como poeta y escritor además de músico, había dibujado y firmado la tarjeta representando a «The Fat Budgie»,[30] un trabajo hecho a beneficio de la ONG Intermon-Oxfam. Cincuenta años después, la tarjeta volvió a ser reeditada en recuerdo de Lennon.

---

30. El periquito gordo.

## El mito de la Caverna

El 28 de febrero de 1966, agobiado por las deudas, cerró sus puertas The Cavern, el club que habia visto nacer el fenómeno Beatle y donde Brian Epstein conoció a sus muchachos. El escándalo fue enorme y muchos jóvenes se atrincheraron en el local de Mathew Street para resistirse al cierre instado por los acreedores. Poco después, el 23 de junio, un nuevo propietario volvió a abrir el local que vivió un nuevo resurgir, una edad de oro en la que pasaron por su pequeño escenario mitos del rock como The Who o The Kinks. En 1973 el club cambió su ubicación al lado contrario de Matthew Street y en 1976 cerró definitivamente a causa de las obras de remodelación del barrio. En abril de 1984 volvió a abrirse un nuevo The Cavern Club que intentó recoger la leyenda de The Beatles y sigue abierto a finales de 2010.

Exterior de The Cavern
en los años sesenta.

## Rueda de prensa y ascensor

El 23 de julio de 1966, The Beatles volaron a Múnich desde Londres para una actuación en el Cirkus-Krone-Bau. En el hotel les esperaban para la habitual rueda de prensa anterior al concierto y a la que solían acudir con puntualidad británica, pero aquel día, algo pasó y se retrasaron. El problema fue que se quedaron casi veinte minutos atrapados en el ascensor.

## Lennon, Lenin y Jesucristo

Corría el mes de marzo de 1966 cuando John Lennon concedió una entrevista a la periodista británica Maureen Cleave del *London Evening News*. Lennon se ganó fama de izquierdista y de muy poco respetuoso con las convenciones o la religión hasta el punto de que en círculos conservadores de Estados Unidos se le acabó llamando peyorativamente «John Lennin», pero aquel día sus comentarios sobre la decadencia del cristianismo pasaron despercibidos en Europa. Lennon, en el contexto de la charla, dijo que en aquel momento The Beatles eran más populares que Jesucristo. La afirmación, manipulada, fue publicada por la revista norteamericana *Datebook* y presentada de forma muy agresiva, una auténtica bomba que puso en su contra a los católicos y cristianos integristas de Estados Unidos y de la Sudáfrica del apartheid (!). La gira que efectuaron posteriormente en Estados Unidos estuvo plagada de incidentes protagonizados por el integrismo cristiano y el Ku-Klux-Klan y en Sudáfrica se prohibieron sus discos hasta 1971. En una entrevista posterior en Estados Unidos, Lennon trató de explicar qué es lo que quería decir con aquella frase, pero aunque pidió disculpas, sus opiniones sobre la guerra de Vietnam, naturalmente en contra, no contribuyeron a suavizar los ánimos. Por su parte, el Vaticano, mucho más rencoroso, no ha perdonado a Lennon hasta abril de 2010 mediante un artículo en su periódico *L'osservatore Romano* en el que reconoce que las palabras de Lennon fueron dichas sin mala intención y eran fruto de la «soberbia» de la juventud. Como anécdota cabe destacar también que una emisora de Longwiew, en Texas, la KLUE organizó una gran campaña para quemar discos de The Beatles en un gran hoguera al estilo nazi, pero obviamente los discos quemados tuvieron que ser comprados primero, como señaló George Harrison en rueda de prensa. Lo curioso del caso es que al día siguiente, la cristiana emisora fue alcanzada por un rayo que provocó un incendio en su antena transmisora y en sus equipos electrónicos de modo que le impidió emitir durante más de veinticuatro horas y dejó herido e inconsciente al director de informativos.

## Geoffrey Emerick

En la primera semana de abril de 1966 se inció la grabación del que sería *Revolver*, el séptimo álbum de The Beatles con canciones tan conocidas como «Eleanor Rigby» o «Yellow Submarine», pero en último lugar de la segunda cara figura una canción que supuso un nuevo experimento musical de los muchos que hicieron The Beatles a lo largo de su carrera. Se trata de la canción «Tomorrow Never Knows» que incorpora por primera vez un sistema de repetición de la voz, de eco, desconocido hasta el momento. El invento fue obra del ingeniero de sonido Geoffrey Emerick, un autodidacta de EMI que trabajaba en la

Geoffrey Emerick en la actualidad.

discográfica desde los quince años y se estrenaba con The Beatles en el álbum *Revolver*. El resultado del invento de Emerick fue que la voz de John Lennon aparecía repetida como si se tratara de dos personas diferentes, una técnica que se utilizaría habitualmente a partir de aquel momento. El resultado fue tan bueno que Emerick fue «adoptado» por The Beatles desde entonces y trabajó con ellos en álbumes emblemáticos como *Sargent Pepper*, *The White Album* o *Abbey Road*. Emerick ha recibido por sus trabajos cuatro premios Grammy y en 2006 publicó una autobiografía *Here, There and Everywhere*, precisamente uno de los títulos de canción que grabó para ellos.

## Adiós a los ganadores

El 1 de mayo de 1966, The Beatles actuaron en el Empire Pool de Wembley en un espectacular concierto de los ganadores de las votaciones hechas en el *New Musical Express*. Compartieron escenario con sus amigos The Rolling Stones, con Small Face, Spencer Davis Group, Herman's Hermits, Roy Orbison y Cliff Richard entre otros. Naturalmente, la votación la habían ganado The Beatles por delante de veteranos como Cliff Richard y Roy Orbison y de emergentes como Small Faces. Fue la última actuación oficial de The Beatles en un concierto.

## Puritanismo norteamericano

El 15 de junio de 1966, The Beatles tuvieron otro tropiezo con el proverbial puritanismo norteamericano. Capital Records, la filial norteamericana de EMI que lanzaba sus discos en Estados Unidos, hacía versiones especiales adaptadas al mercado de Estados Unidos, cambios de algunas canciones y en los diseños de portadas, con algunas diferencias con los discos lanzados en el mercado europeo. No obstante, el lanzamiento del disco *Yesterday... And Today*, el noveno álbum lanzado en Estados Unidos, fue vetado inmediatamente por la discográfica a causa de la portada, una fotografía de Robert Whitaker. En ella, The Beatles se habían ves-

Una de las fotos de la sesión que
sirvió para *Yesterday… And Today*.

tido de carniceros, con batas blancas y sangre manchándolas, con cabezas de muñecos y trozos de carne, algo que no soportó la sensibilidad
norteamericana y puso en peligro la difusión del álbum. Cuando estalló
el escándalo se habían distribuido ya más de 60.000 ejemplares del disco
que tuvieron que ser retirados y sustituidos por una anodina foto de portada de los cuatro músicos junto a un baúl. La primitiva portada, la conocida como Butcher Cover, se ha convertido desde entonces en una
pieza de coleccionista que alcanza la cifra de 40.000 dólares.

## Contra el *apartheid*

En 1966 The Beatles recibió una invitación para actuar en Sudáfrica,
pero Lennon se opuso radicalmente por la existencia del abominable
régimen del apartheid. El resto del grupo le apoyó sin reservas pero la
animadversión era mútua entre el Gobierno sudafricano y The Beatles
y poco después el régimen prohibía la venta y difusión de sus discos po-
niendo como excusa las famosas declaraciones de Lennon diciendo que

The Beatles eran ya más famosos que Jesucristo. La postura anti apartheid de The Beatles se mantuvo hasta la caída del régimen y en 1985, Ringo y su hijo Zak participaron en la grabación del álbum *Sun City* contra el *apartheid*.

## Viaje al Polo Norte

La última gira de The Beatles, en agosto de 1966, no empezó con buen pie. Tras tocar en Hamburgo, en el Erns Merck Halle, el día 26, tomaron el avión con destino a Tokio, su próxima cita, cuya ruta sobrevolaba el Polo Norte. Cuando volaban al norte de Alaska les sorprendió una violenta tormenta que obligó al piloto a aterrizar en el aeropuerto de Anchorage. Todo fue bien, pero tuvieron que pasar la noche en un modesto hotel que nada tenía que ver con los lujos a los que ya estaba acostumbrados.

## El Imperio del Sol Naciente

Los tres conciertos que dieron en Tokyo los días 30 de junio y 1 y 2 de julio de 1966 fueron todo un éxito, con el Nippon Budokan totalmente lleno de unos fans mucho más comedidos que los de otras latitudes pero absolutamente apasionados y electrizados. No obstante la llegada a Japón había sido un tanto accidentada, empezando por las horas de retraso debido a la tormenta que les había retenido en Alaska. En el aeropuerto les esperaban cientos de fans, pero también un nutrido grupo de manifestantes nacionalistas que abominaban de la presencia de un grupo británico y que además iba a actuar en el Nippon Budokan, un gigantesco centro de culto de las Artes Marciales que era considerado como de recuerdo a los caídos en la Guerra Mundial, terminada apenas veinte años antes. Tres mil policías y unos 35.000 agentes de seguridad se encargaron de la custodia del grupo y de mantener el orden e incluso el Gobierno intentó boicotear la actuación. En los diez días anteriores a la llegada de The Beatles la policía llegó a detener hasta 6.000

The Beatles no eran aceptados por todos en Japón.

personas sospechosas de intentar atentar de algún modo contra los músicos. En las escuelas secudarias, los profesores amenazaron con fuertes represalias a las alumnas si faltaban a clase mientras The Beatles estaban en el país.

## Enemigos públicos

El día 4 de julio de 1966, The Beatles vivió uno de los episodios más penosos de su carrera. De Tokio llegaron a Filipinas, un país dominado por la dictadura de Ferdinand Marcos y de su esposa Imelda, algo que The Beatles no valoraron en su justa medida. Al parecer un error de comunicación impidió que los muchachos de Liverpool se enteraran que habían sido convocados a las 11 de la mañana a una fiesta en el palacio presidencial, organizada por Imelda Marcos, la primera dama filipina, a la que iban a asistir doscientos niños especialmente elegidos en los colegios de Manila. Cuando el coche oficial de la Presidencia y la Policía

Militar pasó por el hotel para recoger a The Beatles, éstos estaban durmiendo y Brian Epstein, que no era consciente de la invitación ni del mal carácter de Imelda Marcos, no consideró necesario despertar a los chicos para asistir a una recepción oficial cuando, además, les había prometido después de lo sucedido en Washington, que no volvería a llevarles a algo semejante. Las consecuencias del desaire fueron terribles. Brian Epstein, desolado, intentó arreglar la situación y tuvo que desembolsar una gran cantidad de dinero en impuestos inventados a última hora por las autoridades, pero la noticia corrió por la radio y la televisión y provocó una auténtica debacle con manifestantes violentos frente al hotel. Los conciertos programados se realizaron sin problemas, pero hubo otros percances como que el hotel dejó de ocuparse de servirles y Vic Lewis, miembro del equipo, fue sacado del hotel de noche y llevado a una comisaría para que respondiera por qué The Beatles no habían acudido a la fiesta. Al día siguiente el Gobierno les retiró la protección policial y The Beatles, su mánager y el equipo al completo tuvo que desplazarse por su cuenta hasta el aeropuerto, hostigados por masas de fieles al régimen. Antes de subir al avión tuvieron que soportar sin protección la hostilidad y la agresión de cientos de personas, convertido el aeropuerto en un autentico infierno; incluso una vez en el avión, dos de los miembros del equipo, Tony Barrow y Mal Evans, tuvieron que bajar, acusados de entrada ilegal en el país porque no figuraban en la lista de pasajeros de entrada. Paul fue el único que logró embarcar sin sufrir agresiones porque se escabulló y subió al avión en medio del tumulto. La aventura le costó al grupo la mitad de los ingresos pactados por los conciertos y una enfermedad de Brian Epstein que tuvo que ser hospitalizado al llegar a Nueva Delhi.

## El diluvio de Cleveland

En medio de la polémica sobre las posturas políticas de Lennon, The Beatles actuaron el 14 de agosto en el estadio olímpico de la ciudad de Cleveland con unos 20.000 espectadores cuando se esperaban más de 60.000. Para acabar de estropearlo todo, el lugar, al aire libre, no estaba preparado para el aguacero que cayó en plena actuación. Los chicos intentaron tocar para un público empapado y que apenas podía disfrutar del concierto. En medio de la lluvia, estallaron disturbios en las gradas que los policías desplegados, simplemente ignoraron pues estaban en primera fila intentando seguir el concierto. Ante la lluvia y el cariz que tomaban los acontecimientos Brian, temeroso de que la lluvia provocara un cortocircuito y hubiera que lamentar algún herido, decidió suspender el concierto y The Beatles se retiraron a su roulotte.

## Los bigotes

En agosto de 1966, al poco tiempo de la salida al mercado de su séptimo álbum, *Revolver*, The Beatles aparecieron con bigote en las fotografías publicadas en la prensa. Todo el mundo pensó que era una nueva imagen, pero en realidad fue una absoluta casualidad. George se lo dejó para disfrazarse —en cierto modo— mientras tomaba clases de sitar con Ravi Shankar; a Paul se le ocurrió para disimular una pequeña cicatriz de un accidente de motocicleta sufrido de joven, en el labio superior y John y Ringo, cada uno por su lado, coincidieron en que era una buena idea ir a la moda del momento.

## Adiós a los escenarios

El 29 de agosto de 1966, The Beatles dieron su último concierto en vivo. Fue en el Clandestin Park de San Francisco y marcó un cambio muy importante en su carrera musical tras cerca de 1.400 apariciones en conciertos por todo el mundo. En aquel momento se dijo que el griterío de los fans fue tal que resultó imposible oír nada de la música a pesar de la potencia de los equipos y esa, la imposibilidad de oír la música, fue una de las razones que decidieron a The Beatles a no dar ningún concierto más y centrar su trabajo en los estudios de grabación. Otra razón pudo ser la mala sintonía que empezaba a notarse entre los componentes del grupo, en especial entre John y Paul. La última canción interpretada para la historia fue el clásico de Little Richard «Long tall Sally».

tres:

La vuelta a casa
(1966-1970)

tres:

## La vuelta a casa
## (1966-1970)

**Los años que van desde el último** concierto hasta 1970, más o menos la fecha de su disolución, marcan la evolución del grupo hacia la madurez. Son los años de su trabajo de estudio, del intensísimo trabajo en Abbey Road, de las influencias orientales personificadas en Ravi Shankar y el Maharishi. El movimiento *hippie*, el LSD, la guerra de Vietnam; se trata de un mundo en ebullición en el que The Beatles tienen mucho que ver y su música forma parte de la cultura mundial. Son los años de *Sargent Pepper's Lonley Hearts Club Band*, de *Abbey Road*, del *White Album*, algunos de los trabajos capitales de la historia de la música rock. Pero también son los años de las tensiones, de los enfrentamientos, del agotamiento del modelo Lennon/McCartney con George el divertido y Ringo el popular. La llegada de Yoko Ono se produce en un momento de crisis personal de John Lennon y de enfrentamiento entre Paul y George. Sus anécdotas ya no son aquellas tan divertidas de sus años de peregrinación. Todo es más maduro, más serio, tal vez con mayor calidad musical pero con menos frescura y buen humor que en sus primeros tiempos.

## Merchandising

En los años sesenta, el *merchandising* en torno a The Beatles produjo toda clase de elementos referidos al grupo, a los miembros por separado o a películas o canciones relacionadas con ellos. Así se produjeron cigarrillos Yellow Submarine, galletas Ringo Roll, Candy Sticks, Chupa-Chups y una lista interminable de dulces y chucherías. En abril de 1964, sólo a cuenta de los *royalties* de la goma de mascar Beatles percibieron 140.000 dólares. En la actualidad aún se pueden encontrar en algunas tiendas de Nueva York latas con «El aliento de The Beatles».

## Pobre chico Brian

Al regreso del tercer tour por Estados Unidos, cada vez estaba más claro que The Beatles no volverían a salir de gira. Brian Epstein buscaba nuevos métodos de negocio con The Beatles, pero al mismo tiempo luchaba contra sí mismo. En octubre Brian intentó suicidarse con una sobredosis de barbitúricos y salvó la vida gracias a que fue encontrado a tiempo. Siempre se ha dicho que gran parte de los problemas vitales de Epstein venían del hecho de que se había enamorado de John Lennon, algo que este siempre ha negado, pero lo cierto es que el alcohol y la adicción a diversas sustancias estaban presentes en la vida del agente que había ayudado a encumbrar a The Beatles y que finalmente acabarían con él.

## ¿Dit o tit?

En diciembre de 1966 salió a la venta el sexto disco de estudio de The Beatles, el titulado *Rubber Soul*. En él figuraba una de las baladas más bellas de The Beatles, «Girl», cantada por John Lennon y con las voces de George y Paul como fondo haciendo una especie de seguimiento rítmico. El día en que la grababan, George Martin, siempre atento al trabajo, hizo parar la grabación y preguntó a los dos que hacían el coro: «¿Qué estáis cantando exactamente, "dit, dit, dit" o "tit, tit, tit"?».[31] George y Paul empezaron a reír sin saber qué decir y al volver a la grabación, esta vez sin dudas, grabaron «tit, tit, tit».

## El primer solitario

A finales de 1966, desechadas ya las giras y los conciertos multitudinarios, Paul McCartney hizo algo que hasta el momento no había hecho ninguno de los Beatles: un trabajo en solitario. Paul vivía una plácida vida entre su casa de Saint Johns Wood en Londres y una pequeña propiedad adquirida en Escocia, disfrutando de la compañía de su novia Jane Asher y fue en esa idílica temporada cuando empezó a trabajar en la banda sonora de la serie *The Familiy Way* (*Luna de miel en familia*) protagonizada por Hayley Mills y dirigida por Roy Boulting.

## Pandit Ravi Shankar

El acontecimiento capital que marcaría un gran cambio en la vida y en la creación musical del grupo fue el encuentro personal de Harrison con Ravi Shankar en el Asian Music Circuit de Londres a finales de 1966. De aquel encuentro nació una amistad que duraría hasta la muerte de Harrison en noviembre de 2001 y dio frutos como la película *Magical Mystery Tour*, al álbum *Sargent Pepper's* o los conciertos de Monterrey, Woodstock y el memorable Concierto para Bangladesh de 1971. George viajó con Shankar a la India donde permaneció dos meses sumergiéndose en la cultura hindú y perfeccionando su técnica del

---

31. *Tit*, obviamente es «teta» en inglés, y en la canción, efectivamente, se oye de fondo (*N. del T.*).

sitar. Durante la gira americana de 1965, George Harrison se había interesado por el sitar, el instrumento indio que estaba haciendo famoso en occidente el músico Ravi Shankar. Harrison fue el primer músico occidental que incorporó ese instrumento a sus interpretaciones y la primera grabación en la que se incluyó fue en la canción «Norwegian Wood» de 1965.

## Cambio de vida y de imagen

También a finales de 1966 John Lennon sufría especialmente la inactividad de The Beatles y la ausencia de viajes y conciertos por todo el mundo. Tal vez por eso y por su amistad con Richard Lester aceptó

George Harrison y Ravi Shankar en 1974, después de los Beatles.

un papel en la película que Lester iba a rodar, *Cómo gané la guerra*. Lennon trabajó durante octubre y noviembre en el rodaje del filme cuyos exteriores se filmaron en Alemania y en la ciudad española de Almería. Lennon aprovechó aquella circunstancia para cambiar de aspecto; dejó de usar lentillas y se colocó las pequeñas gafas redondas de finas patillas metálicas con las que su imagen de ex Beatle se haría famosa unos años después.

## Encuentro con el Arte

El 9 de noviembre de 1966 tuvo lugar una acontecimiento que hubiera podido ser anecdótico pero al que se le han dado muchas interpretaciones y desde luego fue capital en la historia de The Beatles. Ese día, John Lennon, todavía casado con Cinthya, asistió en la galería Índica de Londres a una extraña «perfomance» llamada «Happenings. Pinturas y objetos inconclusos», con la que se inauguraba la exposición de una artista conceptual japonesa llamada Yoko Ono. Yoko era la fundadora de un movimiento contracultural llamado Fluxus y desde luego sus ideas artísticas basadas en el dadaísmo parecían lo más adecuado para conectar con el rebelde y contracultural Lennon. Se dice que no hubo *feeling* entre ellos en ese primer momento aunque volvieron a verse en varias ocasiones y ella acabó involucrándole en sus experimentos artísticos. De hecho, no era con Yoko Ono con la que Lennon engañaba a su esposa, a pesar de que ella así lo pensara, pero sí que se fue estableciendo poco a poco una comunicación artística entre el músico y la artista conceptual que desembocó finalmente en una surrealista historia de amor, en el sentido artístico del término.

## Oz Magazine

A principios de 1967 salió publicada en el Reino Unido la revista *Oz Magazine* siguiendo la estela de la misma publicación que había visto la luz en Australia fundada por Richard Neville. Se trataba de una publicación underground, declaradamente psicodélica y contracultural que en el Reino Unido seguía la estela del grupo conocido como Hapshash and the Coloured Coat, liderado por Robert Whitaker y Martin Sharp, entre otros. En esa revista sobre rock, drogas, sociedad y lo que hoy llamaríamos tendencias no podía faltar John Lennon y Yoko Ono que se vieron involucrados en varios de los procesos por obscenidad que se implementaron contra la revista.

## Londres de noche

Aproximadamente durante los años 1967 hasta el 1970, cuando ya The Beatles habían desistido de sus giras musicales, el cuarteto tuvo una vida nocturna destacada en Londres, bien es verdad que en distinta medida pues el primero y más activo era Paul y probablemente era George el menos aficionado a las salidas. De esa época, gran parte de los clubes de la noche londinense era visitados por los muchachos de Liverpool y entre ellos estaba The Ad Lib en Leicester Street, The Revolution Club, en Bruton Street, Tramp's, en Jeremy Street donde Ringo celebró su recepción de boda, The Speaskeasy, en Margareth Street, The Scotch of Saint James en Mason's Yard donde The Who interpretaron por vez primera su ópera rock *Tommy* y The Bag O'Nails en Kingley Street, donde Paul conoció a Linda el 25 de mayo de 1967.

## Lennon/McCartney

Lennon/McCartney era algo más que la firma de unas canciones, era una seña de identidad de The Beatles y al mismo tiempo era la prueba de un acuerdo entre amigos, entre camaradas que se consideraban el uno al otro como de absoluta confianza y como parte de un todo. Firmar las canciones como Lennon/McCartney quería decir que los dos trabajaban al mismo tiempo letra y música, que ambos tomaban parte en los arreglos y las orquestaciones pertinentes, pero también quería decir que cualquier cosa que hicieran por separado era puesta en manos del otro para las modificaciones que quisiera hacer o para, a la larga, percibir los correspondientes derechos de autor. Una prueba de ese acuerdo que parecía indestructible tuvo lugar el 18 de diciembre de 1966 cuando John quiso renunciar a la parte que le correspondía por la banda sonora que Paul había compuesto para *The Family Way* (en España, *Luna de miel en familia*) protagonizada por Hayley Mills y John Mills. La razón era que el trabajo había sido exclusivamente de Paul porque John estaba en aquel momento metido en el rodaje de la película *How I Won The War* (en España se estrenó con el título de *Cómo gané la guerra*), y a este le pareció que era justo que los importantes derechos de autor fuera íntegramente para Paul. La respuesta de Paul fue: «No seas tonto» y el asunto quedó zanjado manteniendo el acuerdo de Lennon/McCartney.

## Persona *non grata*

El año 1966 terminó de foma curiosa, al menos para uno de los Beatles, George Harrison. Cuando George y su grupo de amigos se presentaron en el Club Annabelle de Londres para la fiesta de Nochevieja, los responsables del local no les permitieron la entrada ¡porque no llevaban corbata! El grupo decidió que el local no se merecía tal honor y se trasladaron al East End donde hicieron su fiesta de Nochevieja en el Corner House de la calle Coventry. El grupo, entre otros, lo formaban Patty, Eric Clapton y Brian Epstein.

## Un despido elegante

Desde que la vida de Paul McCartney se había convertido en la de una estrella, Paul había contratado a un matrimonio, los Kelly, como mayordomos en su casa de Cavendish Avenue de Londres, pero en enero de 1967 se encontró con la desagradable sorpresa de que los Kelly habían escrito un artículo sobre su vida doméstica que se había publicado en una revista australiana. Siempre correcto y educado, Paul les comunicó a los Kelly que prescindía de sus servicios, les dio tiempo para buscarse otra casa y él buscó a un nuevo matrimonio para su servicio, los Mills. Para no crearles problemas, Paul adujo como razón del despido de los Kelly «desacuerdos en la organización de la casa».

## The Monkees

El 7 de febrero de ese año, 1967, Paul tuvo una visita extraordinaria en su casa de Londres. Se trataba de Micky Dolenz, cantante y guitarrista de The Monkees[32] y del mánager del grupo, Ric Klein. Paul y el resto de The Beatles acaba de regresar de Knole Park, en el condado de Kent donde habían rodado escenas a caballo para el vídeo promocional de «Penny Line».

## Penny Lane

El 9 de febrero de 1967 se presentaron en la BBC los vídeos promocionales del nuevo trabajo que The Beatles estaban preparando. Se trataba de los vídeos relativos a las canciones «Penny Lane» y «Strawberry Fields Forever», ambas calles de Liverpool del barrio donde crecieron John Lennon y Paul McCartney. Los vídeos, y las canciones, se podían considerar como un homenaje a la ciudad y al barrio donde habían vivido su infancia y donde había nacido su leyenda, pero alrededor de esos vídeos y de esas calles hay un par de anécdotas interesantes. Por un lado, los vídeos marcaron una tenden-

---

32. The Monkees, norteamericanos de Los Ángeles, lo formaban cuatro muchachos elegidos para una serie de TV. Fue el primer grupo que se podía llamar «prefabricado» pues fueron elegidos por separado para la serie y a partir de ahí desarrollaron su carrera musical.

Los Monkees de Micky Dolenz en estudio.

cia que, como tantas otras cosas de The Beatles, acabarían haciendo historia. El gran éxito de los vídeos promocionales hizo nacer la idea de ese método, el vídeo, que hoy en día es habitual y una forma de expresión en sí mismo. De esos vídeos nació la idea de la MTV, la cadena televisiva dedicada a la música. Alrededor de Penny Lane sucedió también algo curioso. La calle está dedicada a James Penny, un prohombre de la ciudad que hizo su fortuna con el comercio de esclavos y en 2008, Cirl Mace concejal del Partido Liberal, propuso cambiar los nombres de siete calles de la ciudad dedicadas a personajes no demasiado dignos, entre las que estaba la dedicada al tratante de esclavos. La población de Liverpool se rebeló por la propuesta de Mace que pretendía quitar el nombre de una calle que todo el mundo asocia con The Beatles y no con el individuo en cuestión, James Penny.

Penny Lane es un homenaje a una de las calles donde transcurrió la infancia de Lennon y Mc-Cartney y por extensión a su ciudad natal, Liverpool.

*Penny Lane there is a barber showing photographs*
*Of every head he's had the pleasure to have known*
*And all the people that come and go*
*Stop and say hello*

*On the corner is a banker with a motorcar*
*The little children laugh at him behind his back*
*And the banker never wears a mac*
*In the pouring rain...*
*Very strange*

*Penny Lane is in my ears and in my eyes*
*There beneath the blue suburban skies*
*I sit, and meanwhile back*
*In penny Lane there is a fireman with an hourglass*
*And in his pocket is a portrait of the Queen*

*En Penny Lane hay un barbero que enseña las fotos*
*De todas las cabezas que ha tenido el gusto de conocer*
*Y toda la gente que viene y va*
*Se detiene a saludarse*
*En la esquina hay un banquero con un coche*
*A cuyas espaldas se ríen los niños*
*Pero el banquero nunca lleva impermeable*
*Cuando llueve a cántaros*
*Muy raro*
*Penny Lane está en mis ojos y en mis oídos*
*Allí, bajo los azules cielos suburbanos*
*Me siento y mientras tanto*
*En Penny Lane hay un bombero con un reloj de arena*
*Y en su bolsillo lleva una foto de la Reina*

## Un día magistral

El rock sinfónico es algo que habitualmente se asocia a Pink Floyd, Supertramp y Moody Blues sobre todo, pero probablemente también tiene su origen en The Beatles. Seguramente la primera canción grabada con ese ideal sinfónico fue «A Day in the Life» incluida en el disco *Sargent Pepper's Lonely Hearts Club Band*. La canción fue grabada en los estudios de Abbey Road durante los meses de enero y febrero de 1967 y por primera vez en la historia del rock se empleó una orquesta de cuarenta y un músicos además del grupo The Beatles para confeccionar la pieza. Al margen de ese hito musical, la canción tiene otra anécdota y es que Lennon y McCartney compusieron una parte de la canción cada uno, por separado, sin pensar en que trabajaban en la misma pieza musical. Fue cuando ambos se atascaron en la resolución de sus respectivas canciones cuando John propuso a Paul que creara algo para unir ambas partes. Así lo hizo Paul consiguiendo una de las canciones más geniales y características del grupo con un lapso central magistral que más que separar une ambas canciones originales. Entre otras cosas ese trabajo prueba la total sintonía musical de Lennon y McCartney, al margen de que sus relaciones personales estuviera ya agotadas.

## Sir George Harrison

El 19 de febrero de 1967 George y Patti asistieron a una fiesta en casa de Keith Richards, en Sussex. No habían querido asistir con John y Ringo al concierto de Chuck Berry en el Saville Theatre y prefirieron la fiesta en casa del guitarrista de The Rolling Stones. Al filo de la madrugada, George y Patti se retiraron y minutos después la policía entraba en la casa de Richards y detenía por posesión de drogas al dueño, a Mick Jagger y a Robert Fraser, supuesto camello. Corrió entonces el rumor de que la policía había esperado a que George Harrison saliera de la casa pues no querían detener a alguien que formaba parte de la Orden del Imperio Británico.

## Mae West, corazón solitario

El 30 de marzo de 1967 tuvo lugar en los estudios Chelsea Manor de Londres la sesión fotográfica para crear la portada del disco *Sargent Pepper's Lonely Hearts Club Band*, el trabajo más ambicioso del cuarteto de Liverpool. La galería de personajes que aparecen en la fotografía, desde ellos mismos vestidos para la ocasión es una ecléctica elección en la que trabajaron todos, desde Paul, John, Ringo y George hasta el fotógrafo Michael Cooper, el diseñador Peter Blake y por supuesto el productor George Martin. En la fotografía puede verse a Marilyn Monroe y a Bob Dylan, por ejemplo, pero también a Edgar Allan Poe o Karl Marx. Para los personajes vivos, George Martin tuvo que afanarse en solicitar permiso y se dio el caso que la célebre Mae West lo negó porque, dijo, no quería verse en un Club de Corazones Solitarios. John en persona la llamó para convencerla y sólo entonces accedió. No tuvo tanta suerte John con su solicitud de incluir a Hitler, Jesucristo y Gandhi, pues George Martin, después del asunto de las declaraciones sobre Jesucristo que tantos problemas les habían creado no quiso ni oír hablar de provocar la sensibilidad de hinduistas, cristianos o judíos.

George Martin con Paul.

## Jefferson Airplane, nieve & marihuana

El día 4 de abril de 1967 tuvo lugar un acontecimiento extraordinario en la ciudad de San Francisco y no fue precisamente la llegada de Paul McCartney y de Mal Evans a la ciudad procedentes de Los Ángeles. El acontecimiento, único en los últimos cuarenta años, fue ¡una nevada! Paul y Mal hicieron turismo por la vieja ciudad con una bajísima temperatura y acabaron en los estudios Filmore Auditorium donde ensayaba el grupo rock-*hippie* Jefferson Airplane. Posteriormente fueron a la casa del conjunto musical donde terminaron la fiesta bien surtidos de marihuana.

## Creo que me voy a caer

El 20 de abril tuvo lugar un acontecimiento curioso. The Beatles trabajaba intensamente en el estudio de Abbey Road para dar los últimos toques al disco *Sargent Pepper's* cuando de pronto Ringo dijo: «Creo que me voy a caer» y al momento sufrió un desmayo, cayó redondo en los brazos de Mal Evans que evitó el encontronazo con el suelo. Otras versiones del hecho dicen que cayó sobre la batería después de quejarse de que le habían salido ampollas en los dedos.

## Rolls «Gitano» Royce

John Lennon daba muestras cada vez más de su inconformismo y su originalidad en detalles como la vestimenta o sus pequeñas excentricidades. Una de ellas fue la de hacerse pintar su Rolls Royce con unos dibujos psicodélicos pensados por él mismo y a todo color con un resultado que se calificó de «carromato gitano de feria». El vehículo así decorado le fue entregado el 25 de mayo de 1967 e inmediatamente la firma Rolls Royce presentó una protesta formal porque aquello, decía, perjudicaba la imagen de la marca.

## Sinatra odia a McCartney

En 1967 Frank Sinatra hizo una declaración a la prensa en la que vertía su oposición total, por no decir odio, a la música, la actitud y la personalidad de The Beatles. «Los Beatles son para mí responsables de la degeneración que ha sufrido la música, así como de la orientación de la juventud y de la política. Son los primeros que han considerado aceptable el hecho de escupir en la cara de la autoridad». La rebelión de Sinatra contra la «invasión birtánica» liderada por The Beatles, pero que también contenía a The Rolling Stones y The Kinks o The Who, estaba justificada porque a sus cincuenta años cumplidos, Sinatra veía peligrar su dominio de la discografía norteamericana. No obstante, Sinatra reaccionó, se rehizo a sí mismo, creó su propio sello discográfico y lanzó una estrategia de colaboraciones con otros estilos y otros músicos que le relanzaron a la fama. Así grabó con Antonio Carlos Jobin y con Duke Ellington, versionó canciones de Jacques Brel y de Jimmy Web y ¡oh, sorpresa!, en el disco *My Way* interpretó una muy personal «Yesterday».

Frank Sinatra.

## Eléctricamente personal

El día 4 de junio de 1967 Jimmy Hendrix, el mejor guitarrista de la historia del rock, según la revista *Rolling Stone*, se presentó en el Saville Theatre de Londres con Noel Redding y Mitch Mitchell. Con el nombre de Jimi Hendrix Experience eran uno de los grupos más rompedores del momento, capaces de «electrificar» cualquier tema. En primera fila del concierto estaban John, Paul, George y Ringo para apoyar a Hendrix que, desde la salida al mercado de *Sargent Pepper's*, utilizaba una versión propia de la canción, electricamente personal, para abrir sus conciertos a modo de homenaje a The Beatles.

## Brian y el saxo

El 8 de junio de 1967 The Beatles grababan en Abbey Road y Paul invitó a Brian Jones a participar en la canción «You Know My Name, Look Up The Number». Lógicamente, Paul esperaba que Brian apareciera con su guitarra preferida, pero en cambio el músico de los Rolling Stones apareció con un saxo, el instrumento que solía tocar en el grupo Ramrods, anterior a los Stones. El resultado fue una magnífica canción que Paul consideró siempre como su preferida de todo el repertorio de The Beatles.

## Final made in Martin

El original final de «All You Need Is Love», incluyendo unos acordes de *La Marsellesa*, es obra de George Martin, el productor del grupo. La incluyó el 14 de junio de 1967, cuando ya había terminado los arreglos y las mezclas de la canción y Paul, John, Ringo y George, cansados y a punto de irse a casa le dijeron que cerrara la canción con lo que más le gustara, que a ellos les parecía bien y George eligió *La Marsellesa*.

## Todo el mundo necesita...

El 25 de junio de 1967 tuvo lugar la primer emisión vía satélite de una canción en la historia del pop, y obviamente en la historia de la música. Fue una retransmisión en directo de la BBC de la canción «All You Need Is Love» de The Beatles en el programa *Our World* desde el enorme estudio de EMI. Flores, espectadores y una puesta en escena llena de colorido con invitados de lujo como Keith Richards, Mick Jagger, Eric Clapton, Graham Nash, Marianne Faithfull y muchos otros. El éxito de la retransmisión fue total y destacó la presencia de Mick Jagger, sentado en el suelo junto al taburete de Paul y con Marianne Faithfull a su lado. Jagger lucía una chaqueta de seda con dos ojos pintados en la espalda y fumaba un enorme porro desafiando a las autoriades que, al día siguiente, le enjuiciaban por posesión de marihuana.

## Un oscuro personaje

Entre el 20 y el 26 de julio de 1967 tuvo lugar una rocambolesca historia que tuvo su origen en una idea de John. Influido por los ambientes *hippies* de la época, John tenía la idea de montar una comuna en la que vivieran los cuatro miembros de The Beatles con sus ayudantes y un estudio de grabación, en algún lugar paradisíaco como una isla o algo así, con la suficiente intimidad para cada uno de los miembros del grupo y sus familias, per compartiendo un espacio. La cosa pareció que podía funcionar cuando tomaron contacto con un griego afincado en el Reino Unido llamado Alex Mardas que presumía de contactos en la Junta Militar que gobernaba entonces en Grecia. Mardas, técnico en telecomunicaciones y en sonido, era un personaje oscuro, muy bien relacionado con el ex rey Constantino de Grecia, con otras casas reales europeas y con los servicios secretos griegos y les consiguió el permiso de la Dictadura de aquel país para viajar allí y buscar una isla que pudieran comprar y donde establecer su comuna y el nuevo estudio que el mismo Mardas les aconsejaba. Muy extraño era el hecho de que el bueno de Alex consiguiera que The Beatles fueran admitidos en Grecia cuando su Gobierno militar tenían prohibidas las melenas y la música rock. Los chicos de Liverpool localizaron una bellísima isla, la de Leslo, rodeada de cuatro islotes menores donde podían instalarse las viviendas de cada uno de los miembros del grupo. Hubo viajes de ida y vuelta, exploraciones, compra de dólares para hacer frente al pago de la isla y tanto ir y venir acabó por cansar al grupo que, finalmente, desechó el proyecto. Lo positivo del negocio frustrado fue que la compra de más de 200.000 dólares para el pago de la isla les reportó al venderlos después un beneficio de unas 11.400 libras.

## Adiós a la radio libre

El 31 de julio de 1967 fue el último día de emisión de London Radio,[33] la más famosa, fresca y genial emisora pirata de las muchas que proliferaran en el Reino Unido en los años sesenta. Ese día las autoridades obligaron al cierre de su centro emisor situado en el mar del Norte a bordo de un viejo barco de la Segunda Guerra Mundial, el Galaxy, y de sus oficinas en Park Lane, en el 17 de Curzon Street. Como fin de sus emisiones de la mejor música del momento contaron con la presencia de Ringo que grabó un mensaje de despedida para una emisora que había marcado un hito en la historia de la radio.

## El punto de inflexión

El día 27 de agosto de 1967 tuvo lugar un hecho luctuoso que marcaría de ahí en adelante la vida de The Beatles como grupo y como personas. Brian Epstein, el mánager de The Beatles, el hombre imprescindible en su carrera y que actuaba como el cemento que mantenía unida la arquitectura del grupo, falleció por una sobredosis, una mezcla de Carbitral y alcohol, sin que hasta el momento se hayan puesto de acuerdo los biógrafos si fue algo accidental, dentro de su complicada y

---

33. London Radio emitió desde diciembre de 1964 hasta el 31 de julio de 1967.

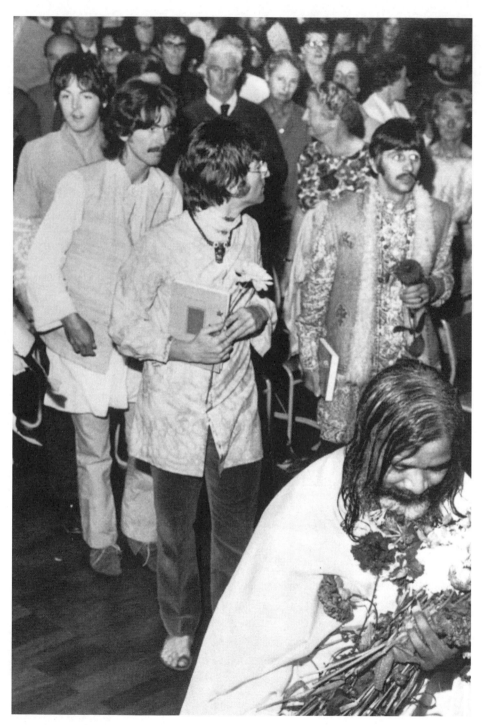

En el funeral de Brian Epstein.

desordenada vida, o si él mismo decidió ponerle fin. Brian era un joven brillante, inteligente y torturado, miembro de la alta sociedad que había decidido relacionarse con unos muchachos de origen proletario y que mantenía peligrosas amistades a las que se veía abocado en parte por su homosexualidad en una época en que esa tendencia pasaba por ser un pecado que debía ser ocultado. Meses antes, en mayo, Brian había tenido que ser internado para someterse a una cura de sueño, pues su vida normal consistía en consumir grandes dosis de fármacos para mantenerse despierto durante días, alimentarse precariamente, fumar marihuana, beber y consumir LSD hasta que caía en un sopor que le duraba días. La muerte de Brian se produjo en su casa de Sussex, tenía 32 años y en la portada del *Daily Mirror* donde se dio la noticia de su muerte se le llamaba «El príncipe del pop». Aquel fin de semana, The Beatles se hallaban reunidos con el gurú Maharishi a instancias de George y un día antes, en rueda de prensa, los miembros del grupo anunciaron que dejaban todo contacto con las drogas pues no eran compatibles con sus nuevos ideales de paz espiritual. Los rumores del posible suicidio de Brian corrieron rápidamente, pero sus más íntimos amigos lo desmintieron, empezando por The Beatles, sobre todo por el hecho de que su madre, a la que estaba muy unido, acababa de enviudar y de ningún modo Brian habría sido capaz de hacerle pasar también por ese trago de modo voluntario. En contra de la hipótesis del suicidio está también la relación de los hechos inmediatamente anteriores relatados por su mayordomo.[34] Brian había invitado a varios amigos a reunirse con él en su casa de Sussex y llevaba una temporada con unos hábitos más ordenados para atender a su madre. El golpe que supuso la muerte de Brian Epstein, sólo comparable al de Stuart Sutcliffe, fue más allá de la pérdida de un amigo y de una pieza insustituible en la máquina Beatle. A partir de ahí nada fue igual, los muchachos de Liverpool se quedaron enfrentados a la responsabilidad de administrar su carrera, su futuro e incluso su vida personal sin el apoyo de Brian. De aquel hecho funesto nació un año después Apple Corps, toda una compañía para sustituir al insustituible Brian y probablemente fue también una de las razones para la ruptura de The Beatles menos de tres años después.

---

34. El mayordomo de Brian Epstein era un joven español llamado Antonio y fue él quién llamó al médico cuando Brian no contestaba a sus llamadas y parecía profundamente dormido.

## Sus simpáticas majestades

Prueba de las buenas relaciones de The Beatles y de «sus satánicas majestades» The Rolling Stones es una anécdota poco conocida y silenciada casi siempre por una cuestión contractual con las casas discográficas y los representantes. El día 18 de abril de 1967, Paul McCartney y John Lennon aparecieron por los estudios Olympic de Londres donde The Rolling Stones estaban grabando la canción «We Love You». Lennon y McCartney prestaron sus voces para acompañar el disco aunque nunca se dio publicidad a ello. Poco después, el día 25 de junio, Keith Richards y Mick Jagger ponían sus voces en la canción «All You Need Is Love», una de las más emblemáticas y elaboradas de The Beatles donde también tocaba el guitarrista Eric Clapton, el batería Keith Moon de The Who e intervenían otros músicos destacados como Gary Leeds y Graham Nash.

## El gran ausente

La ausencia de Brian Epstein tuvo su primer reflejo en septiembre, cuando The Beatles se embarcaron en una idea de Paul, Magical Mistery Tour, un proyecto cinematográfico con música y libreto de The Beatles. El arranque de la idea, sin un libreto o guión claro, sin organización y sin la mano mágica de Brian, fue un completo desastre, con equivocaciones en las fechas, falta de reservas en los hoteles, falta de comida para el equipo y prohibiciones en pueblos en los que no se había anunciado la llegada de la caravana. En Devon no tenía lugar la feria que habían previsto, en Brighton no pudieron almorzar y por la noche no había suficientes habitaciones de hotel porque coincidieron con un gran circo. Las fans y el tráfico colapsado acabaron de liquidar el invento y la última noche, en que debía filmarse un fin de fiesta, nadie había reservado los estudios. Los errores se acumularon y a finales de septiembre, The Beatles empezaron a darse cuenta de que el dinero no era mágico, que salía de algún sitio y su ritmo de gasto era superior al de ingreso, pero aun así, el 17 de octubre de ese año rechazaron una propuesta del promotor norteamericano Sid Bernstein de un millón de dólares para una actuación en directo. Eso ya era agua pasada.

## Un invento ruinoso

Las crecientes desavenencias entre John y Paul quedaron de manifiesto en octubre de ese mismo año de 1967. Acababan de alquilar un local de cinco plantas en el numero 24 de Baker Street, en Londres, para abrir la boutique Apple y ambos se adjudicaron el papel de decoradores con grado de jefe. Eran cinco pisos con decoración psicodélica y por la mañana, Paul daba órdenes de colocar paneles y paredes al equipo de obreros mientras por la tarde, John les hacía retirar todo lo colocado y ponerlo de otro modo. Ni Paul, desairado, ni Ringo, marginado, asistieron a la inauguración de una tienda que empezó a perder dinero nada más abrirla.

La multitud hacía cola para asistir a la inauguración de Apple, en la esquina de Paddington con Baker Street.

## Las gafas modelo Lennon

En 1967 aparecieron las primeras fotografías de John Lennon con sus características gafas de montura redonda que haría tan famosas e imitadas en todo el mundo. Se dijo que las había adoptado porque eran el mismo modelo que llevaba el Mahatma Gandhi. Obviamente, Lennon era admirador de Gandhi y es posible que en algún momento fuera consciente de que llevaba al mismo modelo de gafas, pero la verdad es que las empezó a usar cuando rodaba en Almería (España) la película *How I Won the War* por exigencias de su personaje, el soldado Gripweed. Lennon era extremadamente miope desde niño y hasta el momento había llevado lentes de contacto o bien gafas de sol graduadas, de montura cuadrada. Después de rodar con el nuevo modelo de montura redonda se sintió cómodo con ellas y las adoptó desde entonces.

## Magical Mistery Tour

Entre finales de 1967 y principios de 1968 tuvo lugar una de las paradojas de la vida musical de The Beatles. El rodaje del proyecto Magical Mistery Tour había sido un desastre y el estreno de la película-documental siguió en esa línea. Para la crítica fue el gran tropezón que estaban esperando desde que nacieron The Beatles, para ellos fue «un error» en palabras de Paul y para el público fue un fracaso que nunca entendieron, pero… como era obvio con The Beatles, la banda sonora fue un auténtico éxito. El día 6 de enero el álbum *Magical Mistery Tour*, alcanzó el número uno de la lista de éxitos y, en Estados Unidos llegó a estar ocho semanas como el LP más vendido. A algunos comentaristas musicales les recordaba el caso de George Frederich Haendel y la *Music for Royal Fireworks*.[35]

---

35. El 27 de abril de 1749, Haendel estrenó en el Green Park de Londres su suite que debía acompañar a unos fuegos artificales ante una gran multitud. Fue un gran fracaso; el edificio que albergaba los fuegos artifiales acabó ardiendo y lo único que se salvó de la velada fue la música del maestro Haendel.

El autobús del Magical Mystery Tour, otro proyecto que fue un auténtico fracaso.

## Un día de invierno

El día 12 de enero de 1968 hubo un cambio en la empresa que controlaba las actividades de The Beatles. Ese día, Apple Films Limited y y Apple Music Limited se fusionaron para crear Apple Corps Limited y también ese día George Harrison finalizó una serie de grabaciones con el sitar, el instrumento indio que le había seducido. Había grabado varias ragas y otras piezas de música india para futuros trabajos con The Beatles, pero ese día tuvo lugar en la localidad de Aldershot, en Hanpshire, otro acontecimiento que no parecería afectar a ninguno de los muchachos de The Beatles: el nacimiento de una niña llamada Heather Mills en el seno de una familia conflictiva. Esa niña, años después, en junio de 2002, se casaría con Paul McCartney del que se divorciaría el 16 de marzo de 2008 con una suculenta indemnización de 48 millones de dólares.

## Maharishi

Tras unos meses para asimilar la muerte de Brian Epstein y de algunos pasos descontrolados, The Beatles pensaron que era el momento de profundizar en las enseñanzas hindúes y decidieron trasladarse a Rishekesh en la India para seguir un curso intensivo con el Maharishi Mahesh Yogi, el santón hindú que les había introducido en la meditación trascendental. Era la época del movimiento *hippy*, de la profundidad espiritual, de la búsqueda de lo trascendente y de Ravi Shankar, pero también era la época en que ciertos «hombres santos» descubrían las delicias del capitalismo y la posibilidad de amasar una gran fortuna. Un grupo formado por los cuatro músicos y sus esposas; Jenny Boyd, hermana de Patti, el cantante Donovan, el asistente Mal Evans, Mike Love (de The Beach Boys), Mia Farrow y varias personas más viajaron hasta Rishekesh donde emprendieron la senda de meditación del Maharishi. Ringo y su esposa aguantaron diez días, Paul y Jane mes y medio y unos y otros se dieron cuenta que el asunto del gurú no estaba nada claro y más bien le guiaba el beneficio. El Maharishi intentó usar el nombre de The Beatles para negociar un contrato con la cadena CBS en Estados Unidos, sin conseguirlo y el gurú tuvo un enfrentamiento con John que pudo haber acabado muy mal. El asunto no terminó ahí, pues Maharishi seguía presionando a The Beatles para que cedieran el 25% de sus beneficios a

The Beatles son sus esposas, algunos amigos y el Maharishi.

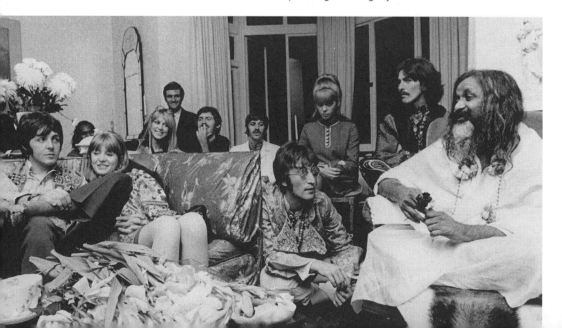

**Sólo George Harrison siguió fiel a las religiones orientales el resto de su vida. John se sintió defraudado y escribió una canción, «Sexy Sadie» de crítica al asunto.**

*¡Ooh! Sexy Sadie what have you done*
*You made a fool of everyone*
*You made a fool of everyone*
*Sexy Sadie ¡ooh! what have you done.*

*¡Ooh! Sexy Sadie lo que has hecho*
*Usted ha hecho un tonto de todos*
*Usted ha hecho un tonto de todos*
*Sexy Sadie ¡ooh! ¿qué has hecho?*

**En realidad, la letra original de Lennon era mucho más agresiva, pero la suavizó por respeto a George que todavía creía en el hinduismo y el Maharishi:**

*You little twat*
*Who the fuck do you think you are?*
*Who the fuck do you think you are?*
*Oh, you cunt*

*Pedazo de idiota*
*¿Quién carajo te crees que eres?*
*¿Quién carajo te crees que eres?*
*Oh, coño*

cierto hogar para mujeres descarriadas con cuenta en Suiza a nombre del Maharishi que, personalmente, se encargaba de «cuidar» de algunas de aquellas mujeres descarriadas. Finalmente los más escépticos del grupo consiguieron que John y George, los más «adeptos», rompieran con el santón y se marcharon de la India volviendo a sus ocupaciones habituales y corriendo un velo de silencio sobre el asunto.[36]

## Un fiel canadiense

Durante la estancia de The Beatles en Rishekesh ocurrió un hecho curioso. Un buen día apareció por el monasterio donde seguían su curso de inmersión en la cultura india un joven canadiense llamado Paul Saltzman que años después sería un afamado productor de cine y televisión. El joven no tenía la menor idea de que allí estaban The Beatles y toda su corte y lo único que le llevaba al lugar era su interés en meditar y seguir las enseñanzas del Maharishi. Cuando le negaron la entrada pensando que era un fan ansioso de ver a sus ídolos, Saltzman montó en cólera y protestó enérgicamente pues lo único que le movía era su fe. Finalmente, ante su insistencia le dejaron quedarse en el monasterio y compartió con The Beatles el tiempo que estuvieron allí. Treinta años después, Saltzman publicó un libro de fotografías sobre aquella experiencia.

## La revolución de mayo del 68

En mayo de 1968, el mes de la revolución en París, tuvo lugar otra pequeña revolución en casa de los Lennon en Londres. Las relaciones entre John y Cynthia se habían ido deteriorando cada día más y el asunto de la India había contribuido a estropearlas. Las peleas eran continuas, sobre todo desde que John le había confesado a su esposa que la engañaba habitualmente. Para evitarle el espectáculo enviaron a Julian a casa de sus abuelos y John convenció a Cynthia que se tomara unas va-

---

36. De hecho, el Maharishi Mahesh Yogi falleció en febrero de 2008 con una fortuna de más de 2.000 millones de euros pero sus enseñanzas están presentes en todo el mundo con millones de seguidores.

caciones en Grecia, algo que ella aceptó de buen grado para aflojar un poco la tensión. Nada más deshacerse de Cynthia, John invitó a su casa a Yoko Ono y se dedicaron, que se sepa, a grabar canciones experimentales. El día en que Cynthia regreso de Grecia se encontró a su esposo y a Yoko paseando desnudos por la casa. Aquello fue el final, John viajó a Estados Unidos con Paul para participar en un programa de televisión y Cynthia se fue de nuevo sola, esta vez a Italia. Ya no volverían a vivir juntos.

## Yoko Ono

La presencia de la artista Yoko Ono en la vida de The Beatles fue toda ella una anécdota. A partir de la ruptura entre John Lennon y Cynthia, en mayo de 1968, Yoko Ono se hizo omnipresente en la vida de John y lo que es peor, en la vida de The Beatles. Por primera vez, una persona ajena al equipo se presentaba en las grabaciones en el estudio de Abbey Road donde sólo se aceptaba la presencia del cuarteto y de

Yoko Ono.

los dos técnicos, Mal Evans y Neil Aspinall. Ni siquiera Brian Epstein o el editor Nick James habían sido admitidos en el estudio mientras grababan y sin embargo Yoko Ono se materializaba durante las horas de trabajo y opinaba sobre todo, algo que desagradaba profundamente a Paul, George y Ringo. Una leyenda urbana dice que Yoko Ono incluso acompañaba al baño a John.

## Cinco días de mayo

Antes de iniciar la grabación de *The White Album*, el primero que se lanzaría con el nuevo sello de Apple Records, John y Paul viajaron a Nueva York para presentar en televisión su nuevo sello discográfico. Tras la presentación, Linda Eastman,[37] la fotógrafa que había retratado en diversas ocasiones a Paul y con la que ya había coincidido varias veces en el Reino Unido, se acercó a él y le entregó un papelito con su número de teléfono. Paul se había comprometido con Jane Asher unos meses antes, pero la independencia y la dedicación de Jane al teatro enfrió la relación y Paul cayó en los brazos de la decidida, guapa y rubia fotógrafa; la llamó por teléfono al día siguiente y se encerraron durante cinco días en el apartamento que le cedió su amigo Nat Weiss.

## Dos árboles por la paz

La primera vez que John Lennon y Yoko Ono aparecieron juntos en un acto público fue en una ceremonia de plantación de un árbol en los jardines de la catedral de Coventry[38] que se ha conservado tal y como

---

37. Linda Eastman no tenía nada que ver con la familia de George Eastman, inventor de la película fotográfica Kodak. El padre de Linda se llamaba Leopold Vail Epstein, hijo de inmigrantes judíos rusos y nada tenía que ver con Eastman-Kodak.

38. La ciudad de Coventry fue totalmente destruida durante la Segunda Guerra Mundial por la Luftwafe alemana.

Yoko Ono se convirtió en una compañia habitual del grupo, incluso en los estudios de grabación.

quedó después del bombardeo de 1940. El acto, una ceremonia simbólica por la paz, tuvo un final desastroso porque las bellotas que plantaron fueron desenterradas pocos días después por los fans coleccionistas de recuerdos.

## Amigos y nacidos en Liverpool

Muy a pesar de ellos, el verano de 1968 marcó otro de los hitos que unían a John Lennon y Paul McCartney. Sus respectivas relaciones de pareja, muy tocadas, se hundieron definitivamente. En julio, cuando

Jane regresaba de una gira con su grupo de teatro, se encontró a Paul en la cama con una chica norteamericana llamada Francie Schwartz.[39] Con dignidad, sin decir una palabra, Jane se marchó a casa de su madre a la que envió días después para recoger sus cosas del hogar que compartía con Paul McCartney. Mucho peor fue el *affaire* de los Lennon. El 1 de julio, John ofreció el espectáculo, inmortalizado por los fotógrafos, de su «perfomance» con Yoko, ambos vestidos de blanco y declarando su amor por la artista. Cynthia, en Italia, vio las fotos y recibió además la noticia de que Lennon solicitaba el divorcio acusándola de infidelidad por la relación de ella, de una noche y en plena crisis, con Alex Mardas. El asunto se volvió contra John cuando en agosto trascendió que Yoko Ono estaba embarazada y fue entonces Cynthia la que le demandó por infidelidad manifiesta.

## Yellow Submarine

La película más interesante y divertida con The Beatles, es sin duda *Yellow Submarine*, el filme de dibujos animados dirigido por George Dunning, ilustrador canadiense de gran prestigio que no se dedicó especialmente al cine, pero que tenía una sólida reputación como ilustrador y dirigía la empresa TV Cartoon dedicada al cine, la publicidad y la televisión. The Beatles no tuvieron nada que ver con *Yellow submarine*, salvo la banda sonora. George Martin participó en la producción y la banda sonora la forman algunas de las mejores canciones del grupo, cedidas por Martin. La película fue un éxito y hoy en día es un filme de culto, pero sobre todo, como siempre, la banda sonora alcanzó los primeros lugares en las listas de éxitos. Cuando The Beatles vieron la película no les desagradó y accedieron a hacer una pequeña aparición con imagen real en la última secuencia. Las voces de los personajes animados no son las de George, Paul, John y Ringo, sino que son actores profesionales que las imitaron.

---

39. En algunas biografías se dice que fue Linda Eastman a la que pilló en la cama con Paul, pero lo cierto es que no era Linda, sino Francie.

## Músicos, no comerciantes

El 31 de julio de 1968 se cerró definitivamente el invento de la Apple Boutique y durante toda la noche se formaron largas colas, que daban vuelta a la manzana, porque corrió la voz que iban a regalar los vestidos y accesorios puestos a la venta en la tienda. El rumor era cierto y después del paso de los clientes no quedó nada en absoluto pues incluso hubo quien se llevó la moqueta. Paul dijo que no había sido una buena idea lo de la tienda, que ellos era músicos y no comerciantes.

## Una chica indiscreta

La noche del 3 de agosto la pasó Paul con la joven Francie Schwartz, la que Jane había encontrado en su cama, pero seguramente fue la última que Paul pasó con ella, en una fugaz relación que duró muy poco. En realidad France había obtenido un puesto de trabajo en Apple que perdió cuando Jane les pilló en la cama y años después, en 1974, publicó un escandaloso libro, *Body Count*, en el que contaba sus intimidades con Paul McCartney.

## El jardín del pulpo

El conflicto interno de The Beatles estalló el día 28 de agosto de 1968 cuando Ringo les anunció que dejaba el grupo en medio de una tensa sesión de grabación en Abbey Road. Ringo salió inmediatamente hacia la Costa Azul francesa por donde navegaba el yate de su amigo Peter Sellers con la intención de pasar quince días y donde, después de negarse a comer calamar, compuso «Octopus's Garden». El enfado no fue suficiente para acabar con tantos años de colaboración y el día 3 de septiembre Ringo volvió a Abbey Road y se encontró su batería cubierta de flores. Por el momento la crisis había pasado y el resultado más inmediato fue que la canción «Back in the USSR» fue la primera que se grabó sin la participación en la batería de Ringo, sustituido por George y Paul que se turnaron para grabar las pistas de ese instrumento.

Tal vez «Octopus's Garden» era para Ringo un modo de explicar cómo se sentía en aquel momento, con ganas de estar en el fondo del mar.

*I'd like to be under the sea*
*In an octopus' garden in the shade*
*He'd let us in, knows where we've been*
*In his octopus' garden in the shade*

*I'd ask my friends to come and see*
*An octopus' garden with me*
*I'd like to be under the sea*
*In an octopus' garden in the shade.*

*Me gustaría estar*
*Bajo del mar;*
*En el jardín de un pulpo.*
*A la sombra*
*Nos dejaría entrar;*
*Porque sabe dónde hemos estado:*
*En su jardín de pulpo,*
*A la sombra.*

*Invitaría a mis amigos a que vengan a ver*
*conmigo el jardín de un pulpo.*

*Estarían abrigados*
*Bajo las tormentas,*
*En nuestro escondrijo*
*Debajo de las olas,*
*Apoyando nuestras cabezas*
*En el fondo del mar,*
*En el jardín de un pulpo,*
*Cerca de una cueva.*

«Back in the USSR», la canción que se grabó sin la participación de Ringo es una curiosa composición de Paul, firmada desde luego Lennon/McCartney, en la que hace una mezcla inspirada de «Back in the USA» de Chuk Berry, «California Girls» de The Beach Boys y su propia experiencia del viaje a la URSS con The Beatles. Como siempre, el conservadurismo norteamericano se ensañó con ellos, acusándoles de hacer propaganda izquierdista con la letra de la canción.

*Flew in from Miami Beach BOAC*
*Didn't get to bed last night*
*Oh, the way the paper bag was on my knee*
*Man, I had a dreadful flight*
*I'm back in the USSR*
*You don't know how lucky you are, boy*
*Back in the USSR, yeah.*

*Llegué de Miami Beach en un vuelo de la BOAC*
*anoche ni me acosté*
*todo el viaje con la bolsa de papel en las rodillas*
*tío, qué vuelo tan horrible*
*he vuelto a la URSS*
*no sabes la suerte que tienes, tío*
*de vuelta a la URSS.*

## Paul, productor

El 30 de agosto de 1968 salió a la venta el disco *Those Were the Days*, uno de los primeros editados por la discográfica Apple Records de The Beatles. El disco había sido producido por Paul McCartney y lo cantaba Mary Hopkin, una rubia galesa a la que había tomado bajo su protección la modelo del momento, Twiggy, que se la había presentado a Paul. El disco tuvo un gran éxito y dos años después, en 1970, Mary representó al Reino Unido en el Festival de Eurovisión con la canción «Knock Knock Who's There?» que quedó en segundo lugar.

Uno de los primeros LP publicados por Apple, *Those Were the Days*.

## ¡Hey, Julian!

El 8 de septiembre de 1968 se presentó en la cadena ITV la canción «Hey Jude», obra de Paul McCartney aunque como siempre se firmó Lennon/McCartney. Fue la primera canción lanzada por el sello Apple Records y con sus siete minutos de duración era la más larga canción pop/rock grabada hasta el momento.[40] «Hey Jude» fue la evolución de una canción escrita por Paul a la que llamó «Hey Jules» y que era un modo de consolar a Julian, el hijo de John y Cynthia, por la separación de sus padres. Paul tuvo la genial idea de escribir con pintura «Hey Jude» en el escaparate de la tienda Apple Boutique, cuando ya habían

---

40. Como en tantas otras cosas los Beatles fueron pioneros, aunque después se grabarían canciones como «Oda a John Lee Hooker» de Johnny Rivers de casi 17 minutos o «In a gadda da vida» de Iron Butterfly que los sobrepasa, lanzada el mismo año de 1968.

cerrado, pero los comerciantes de la zona entendieron que era una pintada antisemita[41] y apedrearon los cristales, hasta que se dieron cuenta que no era más que la promoción de una canción.

> *Hey Jude don't make it bad*
> *Take a sad song and make it better*
> *Remember to let her into your heart*
> *Then you can start to make it better*
>
> *Oye, Jude, no lo estropees*
> *Coge una canción triste y mejórala*
> *Recuerda que has de hacerle un sitio en tu corazón*
> *Sólo así podrán irte mejor las cosas*

## La nueva vida

Junto a Yoko Ono la vida de John Lennon estaba tomando un camino que seguramente, le iba más a su forma de ser que el ambiente familiar de una esposa como Cynthia y un hijo. El cannabis había vuelto a su vida —si es que lo había dejado alguna vez— tras la experiencia hindú y el día 18 de octubre John y Yoko fueron detenidos por la policía y llevados a la comisaría porque, según los agentes, se resistieron a que entraran en su apartamento, con orden judicial desde luego, a la búsqueda de cannabis que, efectivamente, encontraron. Yoko estaba embarazada y los médicos le habían diagnosticada un embarazo de alto riesgo con posibilidades de que el bebé naciera muerto o muriera al nacer. Entre el difícil embarazo y la detención y el encierro de una noche en las dependencias policiales Yoko abortó y el niño, un varón, murió a los pocos

---

41. «Jude» es judío en inglés (*N. del T.*).

días, el 22 de noviembre. El bebé fue inscrito con el nombre de John Ono Lennon II y enterrado en un lugar que aún hoy permanece desconocido. Poco después, el día 28, se celebró el juicio por la posesión de resina de hashish en el que Lennon se declaró culpable para liberar de la acusación a Yoko y pagó una multa de 150 libras. Pocos días después lanzaba al mercado su primer disco en solitario.

## John & Yoko

En noviembre de 1968, Lennon lanzó su primer disco-ensayo junto a Yoko Ono, *Unfinished Music No.1: Two Virgins*. Se trataba de una recopilación de grabaciones efectuadas en su casa de Kenwood que difícilmente los críticos calificaron como música, influido profundamente por la visión que del arte tenía Yoko Ono. Lo peor de todo fue, no obstante, la portada y contraportada del disco, que los comercios se negaron a ofrecer al público, en la que ambos autores aparecían desnudos, abrazados en la portada y de espaldas tomados de la mano en la contraportada. El disco se vendió dentro de una bolsa de papel y muchas emisoras se negaron a emitirlo.

Carátula de *Two Virgins*.

## Una manzana a la deriva

Apple se había lanzado al negocio de la música, no sólo a la de The Beatles, pero la administración de la empresa, en manos de los cuatro chicos, no tenía nada que ver con la eficacia del desaparecido Brian Epstein. En noviembre, uno de los conjuntos musicales con los que trabajaba, Grapefruit, acabó dejando el sello discográfico porque, según su mánager, Terry Doran: «Los Beatles me gustan como amigos, pero no como jefes... en Apple todo va a la deriva».

## Esos buenos chicos

El 4 de diciembre de 1968 un grupo de una docena de «Ángeles del Infierno» de California, con sus cazadoras de cuero y sus motocicletas, se presentaron ante el número 3 de Savile Row, donde estaban los estudios de Apple. De no ser porque les habían avisado, los empleados se hubieran encontrado ante un serio problema, pero George Harrison les había dejado una nota advirtiéndoles de la llegada del grupo invitados por él para que se alojaran en los estudios en su viaje de paso hacia Checoslovaquia. En la nota, George advertía a los empleados que los inquietantes personajes «son buenos chicos», que les ayudaran en lo posible pero «no les dejéis que se hagan con el control de Savile Row».

## Un vuelo precipitado

En la tarde del 11 de diciembre, Paul McCartney tomó la repentina decisión de aceptar la invitación informal de Hunter Davies,[42] periodista,

---

42. Cuarenta años después de su publicación, la biografía de The Beatles escrita por Hunter Davies sigue siendo el libro de referencia cuando se habla de ellos y sigue a la venta en las librerías.

escritor y biógrafo del grupo, para visitar la casa en la que pasaba el invierno en el Algarve portugués. A la hora en que Paul, Linda y la hija de esta, Heather se dirigieron al aeropuerto, no había ningún vuelo para el sur de Portugal, así que Neil Aspinall se ocupo de alquilar un jet privado para que les llevara. Todo fue tan precipitado que cuando llegaron ante la casa de Davies eran altas horas de la madrugada y la familia del escritor dormía placidamente. Les despertaron llamando a la puerta y Davies tuvo que pagar el taxi que les traía del aeropuerto porque los invitados no llevaban moneda portuguesa.

## *Jam session* desaparecida

Ese misma noche del 11 de diciembre de 1968 tuvo lugar en el estudio Wembley de Londres una *jam session* impresionante alrededor del show televisivo *The Rolling Stones Rock'n Roll Circus*. En ella participaron John Lennon y Yoko Ono además de Eric Clapton, Mitch Mitchell, Ivry Gitlis y Keith Richards agrupados con el nombre de The Dirty Mac. A los Rolling Stones no les acabó de gustar la grabación, especialmente a Mick Jagger que la vio inferior a una similar de The Who y durante años no se publicó. Fue en 1996 cuando vio la luz con el título de *Rock'n Roll Circus*.

## La balada de John

El día 12 de enero de 1969, el mismo día en que se estrenaba *Wonderwall*, la psicodélica película dirigida por Joe Massot con música de George Harrison, tuvo lugar una reunión en casa de Ringo para intentar limar asperezas entre los miembros de The Beatles, pero la tensión entre John y George era tal que casi ni se hablaron. Al día siguiente, en los estudios Twickenham donde grababan Get Back, sólo estaban Paul y Ringo debatiendo la decisión de John de que a partir de ese momento Yoko Ono hablaría en su nombre.

## Magic Descontrol

El siguiente desastre de The Beatles tuvo lugar el día 20 de enero cuando se trasladaron, a petición de George, a los estudios de Apple en Saville Row para seguir trabajando en Get Back. Al llegar se dieron cuenta que el magnífico estudio que les iba a montar Alex Mardas, al que llamaban Magic, era una chapuza en la que quedaba de manifiesto que Magic Alex no tenía ni idea de lo que era un estudio de grabación. The Beatles tuvieron que llamar a George Martin para que les solucionara el problema y les instalara algo con lo que pudieran trabajar.

## Un concierto terrorífico

El último concierto de The Beatles, es cosa sabida, tuvo lugar el 30 de enero de 1969 en la terraza del edificio número 3 de Saville Row de Londres. Fue la última vez que el grupo se unió para revivir la magia que había transformado la música pop en todo el mundo. No obstante, las anécdotas en torno a aquel concierto dan fe de que algo había muerto y ya no era posible resucitarlo. Todo empezó cuando el día 3 de enero el grupo se reunió a instancias de Paul para lanzar un nuevo proyecto llamado «Get back» («Volver») que, para Paul, significaría la vuelta a las esencias y a los escenarios, algo que John, Ringo y George no deseaban en absoluto. El acuerdo, finalmente, fue que elaborarían un documental sobre sus procesos de grabación que terminaría con un solo concierto en directo en Roundhouse. El invento se puso en marcha a regañadientes sin que ninguno de los miembros del grupo estuviera realmente interesado. Paul quería dirigir la grabación, George se enfureció y abandonó el grupo, John no estaba por la labor y Ringo se movía absolutamente desmoralizado. Ni siquiera el regreso al legendario estudio de Abbey Road consiguió revitalizar el proyecto. Se canceló el concierto de Roundhouse, se cambió el título «Get back» por el de «Let it Be» («Déjalo estar») y la siguiente discusión fue la relativa al lugar donde debían tocar con propuestas tan diversas como el anfiteatro de la antigua Cartago en Túnez, un trasatlántico en el océano o un asilo de enfermos mentales al estilo de Marat-Sade. Más por cansancio que por sintonía decidieron hacerlo en

la terraza mencionada donde, a los 41 minutos de concierto, se presentó
la policía para acabar con el ruido que molestaba a los empleados del cercano Royal Bank of Scotland.[43] Durante el concierto, Lennon olvidó un
verso de «Don´t let me down», pero rápidamente lo sustituyó por una
serie de sílabas sin sentido, saliendo airosamente del apuro. Tras el pequeño incidente, John lanzó una mirada de complicidad a Paul, y el com-
pañerismo en el escenario resurgió como en los viejos tiempos.

> **La letra de «Let it Be» es bastante significativa de
> lo que los miembros del grupo pensaban sobre el
> regreso a tiempos pasados.**
>
> *When I find myself in times of trouble*
> *Mother Mary comes to me*
> *Speaking words of wisdom, let it be.*
> *And in my hour of darkness She is standing right in*
> *front of me*
> *Speaking words of wisdom, let it be.*
> *Let it be, let it be.*
>
> *Cuando tengo momentos de angustia*
> *La madre María se acerca a mí*
> *Diciendo sabias palabras*
> *Déjalo estar*
> *Y en mis horas de oscuridad*
> *Ella se queda delante de mí*
> *Diciendo sabias palabras*
> *Déjalo estar*
> *Déjalo estar, déjalo estar*
> *Déjalo estar, déjalo estar*

---

43. Se da la circunstancia que el jefe de contabilidad del banco que denunció el
ruido a la policía tenía el sugerente nombre de Stephen King, aunque nada que ver
desde luego con el famoso escritor.

El último concierto.

## La manzana de la discordia I

Al mismo tiempo que The Beatles perdían tiempo, dinero y prestigio con el proyecto llamado «Get Back», el invento nacido como Apple Corp. hacía aguas por todas partes. Aquella macro empresa dedicada a la promoción de nuevas formas de arte, de expresión o de artistas, se convirtió en la oportunidad para vividores, sinvergüenzas y advenedizos de vivir del dinero que habían acumulado The Beatles en diez años de carrera musical. El dinero se escapaba a manos llenas con unos locales donde cualquiera podía llegar y llevarse desde televisores a limusinas sin contar con las inmensas cantidades de whisky, cigarrillos, caviar (para Yoko) o comida producida sin cesar en sus cocinas. El contable de la compañía, el más lúcido y honrado de los elementos que rodeaban a The Beatles, escribió un informe demoledor sobre la situación en el que acababa diciendo: «Sus finanzas personales son una desgracia, y Apple es una desgracia».

## Una jugada maestra

La desastrosa situación de Apple preocupaba a los cuatro miembros del grupo que veían peligrar sus fortunas, así que se pusieron en marcha para solucionarlo y el primer paso lo dio Paul. Lee Eastman, el padre de su novia, Linda, prestigioso abogado de Nueva York, llevaba ya hacía tiempo las finanzas personales del que sería su yerno, lo que había sido de gran utilidad para Paul McCartney y convenció al resto del grupo para tener una reunión con él y cerrar un acuerdo. Todo se fue al traste cuando Lee Eastman no se presentó a la reunión y envió a su hijo John como representante, algo que hirió profundamente a John, George y Ringo y les echó en brazos del «viejo Allen Klein» el rústico y hablador mánager de The Rolling Stones. A espaldas de Paul firmaron un acuerdo de representación con Klein, a pesar de que Mick Jagger les advirtió por escrito que no lo hicieran, y luego contrataron como asesores al bufete de Eastman par defenderse de Klein.

Allen Klein con Ringo Starr durante el rodaje de *Blindman* en Almería, en 1971.

## La inmobiliaria puritana

El 19 de febrero de 1969, Ringo Starr recibió una carta de desahucio emitida por la inmobiliaria Bryman, propietaria de la casa en la que vivía en el 34 de Montagu Square de Londres. La razón era el incumplimiento de una cláusula del contrato que especificaba que no se podían consumir drogas en la casa, algo que John y Yoko habían hecho, según la inmobiliaria, sin que Ringo lo evitara. La vista tuvo lugar el día 28 y la sentencia permitió a Ringo vender su contrato de arrendamiento, pero tenía que abandonar el edificio.

## Un día inolvidable

Paul McCartney fue el último de los Beatles en contraer matrimonio. Fue el 12 de marzo de 1969 con la que sin duda era la mujer de su vida, Linda Eastman. La boda tuvo lugar ya cuando las relaciones entre los miembros de The Beatles eran cualquier cosa menos buenas y puso de relieve que Paul no gozaba de la simpatía del resto de los muchachos; ninguno de ellos asistió a la boda y para hacerlo inolvidable, aquel mismo día la policía se presentó en casa de George Harrison y le detuvo a él y a su esposa tras encontrar algunos gramos de marihuana en la casa. Patti y George se preparaban en aquel momento para asistir a una fiesta con la princesa Margarita[44] y aunque les soltaron al cabo de unas horas, finalmente fueron multados con quinientas libras por posesión de sustancias prohibidas.

---

44. Se rumoreó que le habían pedido a la princesa Margarita que intercediera a su favor y que ella les manifestó que no podía hacer tal cosa, pero cuesta trabajao creer que los Harrison intentaran eludir una simple multa con semejante maniobra.

## La balada de John y Yoko

El día 25 de marzo, el hotel Hilton de Amsterdam tuvo un protagonismo inusitado; en una de sus suites, John Lennon y Yoko Ono, en pijama y metidos en la cama, ofrecieron una rueda de prensa que duró una semana. Se trataba de su luna de miel reivindicativa, en contra de la guerra (de Vietnam básicamente) tras una boda relámpago en Gibraltar que tuvo lugar el día 20. La imagen de John y Yoko en la cama, vestidos de blanco rodeados de fotógrafos y de comida dio la vuelta al mundo y ha sido una de las que más identificó a la pareja. De aquella aventura nació la canción «The Ballad of John and Yoko» que llegaría al número uno de las listas de ventas en el Reino Unido, la última vez que sucedió tal cosa con The Beatles todavía unidos.

John y Yoko en la cama, tras su boda.

La balada de John y Yoko hablaba de las dificultades de un joven contestatario de los años sesenta,
cuando no era nada fácil ni siquiera llevar el pelo
largo, aunque fuera una estrella de la música.

*Standing in the dock at Southampton*
*Trying to get to Holland or France*
*The man in the mac said «you've got to turn back»*
*You know they didn't even give us a chance*
*Christ! you know it ain't easy*
*You know how hard it can be*
*The way things are going*
*They're going to crucify me*

*Estábamos en el muelle de Southampton*
*Intentando ir a Holanda o Francia*
*El tío del impermeable dijo «tenéis que volveros»*
*No nos dieron la menor oportunidad*
*¡Cristo! no es nada fácil*
*Ya ves lo difícil que puede ser*
*Tal y como van las cosas*
*Acabarán crucificándome*

## Un ligero cambio

El 11 de abril de 1969 apareció el single con la canción «Get Back»,
firmada como siempre Lennon/McCartney pero original en su mayor
parte de Paul. Aunque siempre se asocia a The Beatles con un instrumento concreto, en este caso, el punteo de la guitarra solista no es de
George Harrison, como solía ser habitual, sino que es de Lennon que
habitualmente tocaba la guitarra rítmica.

## El señor Ono

Siempre rebelde, John Lennon tomó otra decisión si no importante, al menos muy llamativa. En una ceremonia celebrada en el edificio Apple el día 25 de abril de 1969, cambió legalmente su nombre y dejó de llamarse John Winston Lennon para adoptar el nombre de John Ono Lennon porque, adujo, no tenía sentido que fuera sólo la esposa la que debía adoptar el nombre del marido.[45]

## Una mala noticia

El día 26 de abril de 1969 apareció muerto en su domicilio de Wimpol Street el prestigioso doctor Richard Asher, padre de Jean Asher que había estado a punto de casarse con Paul McCartney. El doctor Asher, prestigioso neurólogo que había identificado y descrito el llamado síndrome de Munchausen, padecía una fuerte depresión y su muerte estuvo envuelta en el misterio.

## Persona *non grata*

A finales de abril, John y Yoko decidieron viajar en barco a Estados Unidos, acompañando a Paul y George que querían grabar algunas escenas para la película *Get Back* que aún tenían en mente. Cuando John y Yoko pretendieron desembarcar en Estados Unidos las autoridades se lo prohibieron, les negaron el visado a causa de la condena por posesión de marihuana que pesaba sobre la pareja y tuvieron que regresar al Reino Unido. En su línea puritana, varias emisoras de Estados Unidos vetaron la balada de John y Yoko porque en ella se hacía la exclamación «¡Cristo!».

---

45. Como es sabido, en los países anglosajones al contraer matrimonio la esposa deja su apellido de soltera y pasa a tener el de su marido.

## Reestructuración

En mayo de 1969, Allen Klein se había hecho ya con el control de Apple y sus medidas empezaban a causar efecto, sacando a la discográfica del marasmo, pero el día 8 de mayo, sin pensárselo dos veces, Klein despidió a Alistair Taylor, hasta ese momento administrador de Apple y que había sido durante años el ayudante y mano derecha de Brian Epstein.

## Protestas

En la primavera de 1969, John y Yoko estaban inmersos en una serie de protestas contra la guerra que llevaban por todo el mundo. El día 24 de mayo viajaron hasta las Bahamas para realizar otra de sus protestas en la cama, algo que atraía mucho a los periodistas, pero se encontraron que el archipiélago quedaba demasiado lejos de la costa de Estados Unidos para que los periodistas volaran hasta allí a cubrir el acontecimiento y además, a 30 grados de temperatura no era nada divertido estar tapados en la cama, así que renunciaron a la protesta y volaron a Toronto donde la temperatura era mas adecuada, los periodistas estadounidenses estaban más cerca y las autoridades les dejaron entrar en el país. Se daba el caso que Ringo, su esposa, Peter Sellers y varios amigos más estaban de vacaciones en aquellas islas al terminar el rodaje de la película *Hey Jude*.

## El viaje a Escocia

El 1 de julio de 1969 la familia Lennon/Ono tuvo un accidente de coche de cierta gravedad. John, de vacaciones en Escocia, conducía un Austin Maxi por una carretera secundaria cerca de la ciudad de Golspie cuando sufrió un despiste y el vehículo se salió de la carretera. Con él viajaba Yoko, la hija de esta, Kyoko, y Julian, hijo de John y Cynthia.

El resultado no fue muy grave pues sólo John y Yoko resultaron con heridas leves que precisaron unos puntos de sutura y Julian con una ligera conmoción, pero los cuatro quedaron ingresados en el hospital Lawson Memorial y la noticia del accidente apareció en las noticias de la BBC aquella misma noche. Cinthya relata en su libro de memorias[45] que había enviado a Julian para pasar unos días de vacaciones con su padre pero no tenía ni idea que andaban en coche por Escocia, voló inmediatamente para recuperar a su hijo. El día 6 de julio abandonaron el hospital y lo que quedó del Austin fue comprimido hasta dejarlo como un cubo metálico y expuesto como una escultura en Tittenhurst Park.

## Un día cualquiera

El 3 de julio de 1969, George, Paul y Ringo tuvieron un duro día de trabajo en el estudio con la grabación del disco que se acabaría llamando Abbey Road. Mientras John y Yoko seguían en el hospital a causa del accidente de coche en Escocia del día 1, pero ese día tuvo lugar un terrible suceso que les tocaba sólo de pasada. A primera hora de la mañana, un jardinero descubrió el cuerpo de Brian Jones flotando en la piscina de su casa de campo de Hartfield. Tenía veintisiete años y poco antes, el 9 de junio, The Rolling Stones habían prescindido de él debido a su escaso interés en la banda y a su estilo de vida absolutamente destructivo.

De hecho nunca se ha aclarado si su muerte fue un simple accidente a lo largo de una fiesta o un crimen que implicaba a su entorno. Se le ha comparado a veces con la temprana pérdida de Stuart Sutcliffe para The Beatles. Ambos habían dejado ya a su grupo musical cuando murieron y su muerte fue violenta, pero hay una diferencia notable. Stu, al que querían mucho, fue llorado por sus antiguos compañeros mientras que Jagger, Richards y Watts no sentían demasiado aprecio por Brian Jones.

---

45. El libro es *El auténtico Lennon*, publicado por Ediciones Robinbook, 2003.

## Un recuerdo de Paul

En el disco Abbey Road se incluyó una canción, «She Came In Through the Bathroom Window», escrita por Paul en la que contaba el *affaire* protagonizado por el grupo de fans radicales conocidas como Apple Scruffs. Las Apple Scruffs se agolpaban en las entradas del estudio de Abbey Road o en los estudios Apple a la caza de una sonrisa, un contacto o un autógrafo de sus ídolos, pero habían protagonizado un asalto en toda regla a la casa de Paul donde saltaron por la ventana de un baño y se habían hecho con varios recuerdos de su adorado, entre ellos un pantalón. También George les dedicó una canción con ese título «Apple Scruffs».

*Now I've watched you sitting there*
*Seen the passers-by all stare*
*Like you have no place to go*
*But there's so much they don't know about Apple Scruffs*

*You've been stood around for years*
*Seen my smiles and touched my tears*
*How it's been a long, long time*
*And how you've been on my mind, my Apple Scruffs*

*Apple Scruffs, Apple Scruffs*
*How I love you, how I love you*

*He visto que estabas ahí, sentada*
*Mientras te miran los transeúntes*
*Quizá no tienes a dónde ir*
*Pero hay tantas cosas que no sabemos sobre ti, Apple Scruffs*

*Durante años has estado ahí, de pie*
*Esperando mis sonrisas y viendo tus lágrimas*
*¡Cuánto tiempo, mucho tiempo!*
*has estado en mi mente, mi Apple Scruff*

*Apple Scruff, Apple Scruff*
*¡Cómo te amo, cómo te amo!*

## Guardia permanente

Desde la aparición de Yoko Ono en la vida de John Lennon, The Beatles parecían tener un nuevo miembro, omnipresente, contraviniendo las normas del grupo de que nunca habría nadie más que ellos y los técnicos en los estudios de Abbey Road. Durante los trabajos de grabación del disco que llevaría el nombre de *Abbey Road*, Yoko, todavía convaleciente del accidente, se hizo traer una cama desde Harrods y permanecía allí tumbada durante los trabajos con un micrófono que recogía lo que se le pudiera ocurrir en cualquier momento para incluirlo en la grabación.

Célebre portada del disco *Abbey Road*.

## Un paseo por Abbey Road

En agosto de 1969 tuvieron lugar dos detalles en la vida musical de The Beatles como grupo que se agotaba rápidamente. El día 8, a las diez de la mañana, Ian McMillan tomó la famosa foto del cuarteto cruzando la calle Abbey Road. La idea no se sabe exactamente de quién fue, pero cuando se especulaba con viajar al Himalaya para hacer la foto de portada, alguien dijo: ¿y por qué no salimos a la calle, hacemos la foto y acabamos con esto? Así lo hicieron y se generó de aquel modo la más famosa portada de The Beatles y probablemente de la música pop.

### Una maravilla llamada Abbey Road

La fotografía de la portada del disco Abbey Road contiene otros detalles que han sido revelados incluso años después. Por ejemplo, el personaje que aparece a la derecha es un turista americano de nombre Peter Doyle que en ese momento estaba en la calle. El Volkswagen que aparece con la matrícula LMW281F fue vendido en Hamburgo, en 1986, por la cifra de 23.000 libras y está hoy en día en el museo Volkswagen de Wolfsburg.

Otro detalle curioso del disco, esta vez de la música, es el final de la canción «Sun King», en la cara B de Abbey Road donde Lennon incluyó al final una mezcla de palabras sin sentido en varios idiomas: italiano, español, portugués y algo del inglés de Liverpool:

*Quando para mucho mi amore defelice corazón*
*Mundo paparazzi mi amore Chicka ferdy parasol*
*Cuesto obrigado tanta mucho que can eat it carroussel*

Y el día 20, los cuatro chicos de Liverpool entraron juntos, por última vez, en el estudio de Abbey Road para grabar una canción; sería «I Want You», un trabajo de Lennon que, como siempre, fue firmado Lennon/McCartney y que debía ser incluido en el disco *Abbey Road*.

## Ringo, humilde

La canción «The End», incluida en el álbum *Abbey Road* contiene algo que la hace única, y es un solo de batería de Ringo Starr. A pesar de su evidente calidad como profesional, Ringo ha sido siempre una persona humilde y no se creía a la altura de profesionales de la batería como Ginger Baker, de The Cream, o Keith Moon de The Who, un argumento que no comparten los críticos musicales pero que a Ringo le había impedido hacer hasta el momento un solo como el de «The End». Hacia el final de su carrera con The Beatles, Ringo utilizaba una batería con elementos Ludwig Vintage, baquetas Pro-Mark y timbales Zildjian.

## La última foto

Las últimas fotografías de Ringo, John, Paul y George juntos se tomaron en Tittenhurst Park el día 22 de agosto. Nunca más The Beatles fueron fotografiados posando como grupo. En algunas de las fotografías hay buen humor y originalidad, en otras caras largas y serias e incluso Yoko y Linda, embarazada de su hija Mary, aparecen juntas en alguna de ellas. Hay profesionalidad en las poses, pero no magia.

## El caso de la muerte de Paul

El 12 de septiembre de 1969 una llamada telefónica anónima a Russell Gibbs, disc-jockey de una emisora de radio de Detroit en Estados

La última sesión de fotos, en Tittenhurst Park, el 22 de agosto de 1969.

Unidos, aseguró que Paul McCartney, había muerto en 1966 en un accidente de tráfico y que la persona que se hacía pasar por él en The Beatles era un joven llamado William Shears que había ganado un concurso de dobles. Se dio la circunstancia que en aquella época estaba de moda el análisis semiótico o de significado de los medios de comunicación, impulsado por Julien Greimas, Ferdinand de Saussure y Umberto Eco y empezaron a surgir análisis semióticos de canciones en las que, supuestamente, se daba un mensaje encriptado que corroboraba el hecho. Se analizó la canción «Revolution», el disco *Abbey Road* y otros textos encontrando frases con doble sentido, palabras que podían ser interpretadas como sinónimos de otras palabras e ingeniosas deducciones. En realidad, entre 1965 y 1966, Paul McCartney había sufrido un accidente de moto y su coche, un Aston Martin, había tenido otro accidente en el que McCartney no participó, pero que dejó el vehículo completamente destruido. Con esos hechos reales pero sin conexión alguna, una llamada anónima y el análisis semiótico de unas canciones, se montó una de las leyendas urbanas más famosas. Cuando le preguntaron a George Martin si el rumor era cierto, este dijo: «Si el nuevo Paul es un doble, sin duda es el mejor imitador del mundo».

## John Lennon

Desde enero de 1969 en la terraza de Saving Road, ninguno de los miembros de The Beatles había pisado un escenario y el día 15 de septiembre lo hizo John Lennon en el Toronto Rock and Roll Festival, sin aviso previo y casi improvisado. De hecho fue la primera vez que un miembro del grupo realizó un trabajo en directo sin el amparo del resto del grupo. Ese día, Lennon se subió al escenario con su guitarra acompañado por Eric Clapton, Klaus Voorman, bajista miembro de Manfred Mann, Billy Preston[46] y Alan White[47] como batería, con el nombre de Plastic Ono Band improvisando algunos temas de rock. Probablemente ese 15 de septiembre fue el día en que John Lennon se percató de que era un gran músico sin el apoyo de The Beatles y tomó la decisión de dejar el grupo, algo que horrorizó al nuevo mánager, Allen Klein, cuando John se lo comunicó.

## El principio del fin

El día 20 de septiembre, Klein convocó una reunión con los chicos en la que expuso las nuevas condiciones, muy ventajosas, que había negociado con EMI y con la filial americana Capitol, pero prácticamente los compromisos de lanzamientos musicales de The Beatles, comprometidos hasta 1976, ya estaban cumplidos, así que era un buen momento para lanzar nuevos proyectos… o para acabar con la leyenda. Fue en esa reunión donde John Lennon comunicó a Paul que lo dejaba con un escueto: «Me voy». Tal vez Paul era el único que aún creía que The Beatles podían continuar, porque George —que no estaba en la reunión— y Ringo estaban ya tan alejados del grupo que prácticamente no formaban parte de él. En entrevistas posteriores, John contó cómo había sido aquella surrealista reunión en la que Paul lanzaba

---

46. Billy Preston participó en muchas grabaciones de The Beatles, en especial en el *Abbey Road*.
47. No confundir con el Alan White batería de Oasis.

ideas y proyectos uno tras otro a lo que John respondía «no, no, no», hasta que se vio obligado a confesar que su decisión de dejar The Beatles ya estaba tomada. Los acuerdos de aquella reunión fueron tres: aceptar los nuevos contratos con EMI, disolver The Beatles y posponer la comunicación del hecho hasta el momento en que lo consideraran oportuno.

## Lennon el rebelde

En 1969 dos gravísimos conflictos bélicos estaban en su apogeo en el mundo, uno era la guerra de secesión de Biafra, en Nigeria, que causó casi un millón de muertos civiles y el otro la de Vietnam, donde los norteamericanos se implicaban cada vez más en un conflicto sucio, destructivo e impopular. En ese panorama, John Lennon, siempre rebelde y sensible a los problemas del mundo, quiso mostrar su rechazo a la intervención británica en ambos conflictos, tanto en el apoyo que prestaba al Gobierno federal de Nigeria en su genocidio como al Ejército norteamericano en Vietnam. Así que en un acto simbólico, John devolvió a la Reina la condecoración de Miembro del Imperio Británico que había recibido en 1965. La cruz metálica y la documentación fue enviada al Palacio de Buckingham y aunque se creyó durante años que había sido destruida, a mediados de junio de 2010 apareció en el Palacio de Saint James donde todavía se conserva.

## Un bebé perdido

Entre el 9 y el 12 de octubre Yoko Ono fue ingresada en el hospital King's College de Londres y perdió de nuevo el bebé que esperaba. Necesitó varias trasfusiones de sangre y John permaneció junto a ella todo el tiempo. Se especuló que la adicción a la heroína, que habían dejado los dos hacía muy poco tiempo, fue la causante del nuevo aborto de Yoko.

## Biografía sí y no

En noviembre de 1969, John y Yoko tomaron una de esas decisiones contradictorias que caracterizaban sus actividades, siempre teñidas del surrealismo de Yoko Ono. Decidieron encargar una biografía de ambos al escritor y realizador cinematográfico Tony Palmer, pero con sólo seis días de plazo para escribirla. Palmer lo hizo en el plazo acordado, 75.000 palabras en seis días, pero la pareja, sin mirarlo siquiera, le anunció que ya no estaban interesados en la publicación.

## Una isla al oeste

El día 13 de noviembre, John ofreció la isla de Dorinish, un islote deshabitado en la bahía irlandesa de Clew que había comprado en 1966 por 1.700 libras, a Sid Rawle, el gurú del movimiento *hippie* en Gran Bretaña para que formara allí una colonia. John había comprado en principio la isla para construir una mansión donde vivir con Cinthya, pero tras su separación y su unión con Yoko Ono la había usado únicamente como destino para algunos de los «viajes» de LSD. Efectivamente, Rawle, llamado «el rey *hippie*», se instaló allí al año siguiente con 25 personas que vivieron en comuna hasta 1972. A la muerte de Lennon, Yoko Ono vendió la isla por 30.000 libras y donó el dinero para la construcción de un orfanato. La isla es conocida hoy como «la isla Beatle», punto de peregrinación de los fans del grupo.

## Jesucristo súper Lennon

El día 3 de diciembre de 1969, John Lennon recibió la visita de dos personajes importantísimos en la música y la escena británica. Se trataba de Tim Rice y de Andrew Lloyd Webber que acababan de finalizar el trabajo de creación del musical *Jesuschrist Superstar* y que proponían a Lennon que interpretara el papel de Jesucristo para la grabación original.[47] Obviamente Lennon no aceptó la oferta, en parte por su discutible relación con el personaje y en parte porque su creatividad iba más por caminos surrealistas que por la interpretación evangélica por muy rompedora que fuera. Finalmente, la voz de Jesucristo fue la de Ian Gillan, cantante de Deep Purple.

## El primer solitario

Desde finales de 1969, cuando la disolución de The Beatles era un hecho, aunque desconocido por el gran público, Paul McCartney trabajaba ya en la edición de su primer disco en solitario. El trabajo, que se publicaría con el título de *McCartney* fue casi artesanal, grabado en su propia casa la mayor parte y realizadas las últimas mezclas en los estudios de Abbey Road. El talento musical de McCartney, indudable, se puso de manifiesto en el disco en el que tocó la totalidad de los instrumentos que aparecen en él. Solo utilizó algo externo, la voz de su esposa Linda como acompañamiento. El disco sólo salió a la venta cuando ya se había anunciado la disolución del grupo.

## Un mensaje de infarto

El 16 de diciembre de 1969, John y Yoko aterrizaron en Toronto (Canadá) desde donde pensaban enviar mensajes de paz a todo el mundo. Se alojaron, como casi siempre, en casa de su amigo Ronnie Hawkins, un rancho a las afueras de la ciudad y desde allí empezaron a telefonear a emisoras de radio de todo el mundo para que emitieran su mensaje de paz que empezaba diciendo: «¡La guerra ha terminado...!». Algunas emisoras lo emitieron, aunque no todas a las que llamaron. Cuentan que a Hawkins casi le da un desmayo cuando vio la factura del teléfono.

---

47. El musical se estrenó en Broadway el 12 de octubre de 1971 con el tenor Jeff Helton en el papel de Jesús.

La última etapa
de Lennon estuvo
marcada por
un acentuado
pacifismo militante.

## Una promesa muy cara

El 29 de diciembre, en plena efervescencia pacifista, solidaria y *hippie*, John y Yoko volaron hasta la localidad de Alborg en Dinamarca para pasar la noche de fin de año con el ex marido de Yoko, Antthony Cox, la hija de ambos, Kyoko y la nueva esposa de Cox, Melinda. Solidaridad, buena sintonía, rueda de prensa y una promesa de la que luego se arrepintieron aunque nunca nadie se lo echó en cara: prometieron donar todos los royalties de sus canciones futuras al Movimiento por la Paz, pero el frío y el viento de diciembre en Dinamarca debieron llevarse la promesa.

## Obscenidad e hipocresía

El 16 de enero de 1970, todavía en pie el nombre de The Beatles a ojos de la opinión pública, la policía se presentó en la exposición de litografías que Lennon acababa de inaugurar en una galería de la calle New Bond de Londres con el título de Bag One y secuestró ocho litografías del propio Lennon en las que se representaban escenas sexuales de John y Yoko. La policía se amparaba en una ley contra la obscenidad, pero el asunto supuso un escándalo y el galerista, Eugene Schuster, fue finalmente acusado de violar una extravagante normativa del siglo XIX sobre Policía Metropolitana que fue sobreseída inmediatamente. Según se ha sabido recientemente todo volvió a la normalidad y las litografías no fueron prohibidas porque sentaría un precedente contra las obras de arte, incluso, de la colección privada de la Reina y de artistas tan renombrados como Rembrandt.

## Rumores

La revista *Rolling Stone* publica el día 31 de enero de 1970 un reportaje muy significativo bajo el título «¿Se separan los Beatles? Quizás, dice John». El autor del reportaje había hecho simplemente una seguimiento de las últimas entrevistas concedidas por John Lennon y desde luego de la actividad por separado de los miembros del grupo a los que ya no se había vuelto a ver juntos desde el verano de 1969 cuando hicieron la sesión fotográfica en el parque Tittenhurst.

## John Provocador Lennon

En una entrevista publicada el 22 de marzo en la revista *L'Express*, John afirmaba que antes de recibir de manos de la Reina la Orden de Caballeros del Imperio Británico, los miembros de The Beatles se habían fumado unos porros en los lavabos de visitantes de Buckingham. El resto del grupo lo calificó de exageración y provocación. En realidad se habían escabullido un momento durante la celebración posterior para fumar un cigarrillo en el exterior, dado que dentro del palacio estaba prohibido.

## Mal carácter de un genio

De todos era conocido el mal carácter de Phil Spector, el genial productor musical que se estaba encargando de la producción del disco *Let it Be* en los estudios de Abbey Road, pero el día 1 de abril sobrepasó todos los límites y provocó una pequeña rebelión. Spector había convo-

Phil Spector.

cado una orquesta de cincuenta miembros para crear la base del disco, pero en un momento de la agitada jornada de trabajo, los músicos se hartaron de sus malos modos y abandonaron la sala de grabación dejando los instrumentos; los técnicos y responsables de sonido estaban al borde de la rebelión, el ingeniero de mezclas, Peter Brown se marchó a su casa dejando plantado a Spector y el trabajo y Ringo, el único Beatle presente, tuvo que hacer de apagafuegos para conseguir que Spector se tranquilizara y pidiera perdón a todo el mundo. Poco a poco, regresaron todos, incluido Brown, al que Spector llamó por teléfono en persona para disculparse.

## Una ingente producción

La primera letra de los títulos de las 229 canciones compuestas por The Beatles alcanzan a todas las letras del abecedario, salvo la J, la K, la Q, la V, la X y la Z. Algunas de ellas fueron compuestas para otros grupos, The Rolling Stones, Eric Burdon, Eric Clapton… y un gran número han sido interpretadas por otros profesionales. Por orden alfabético, la última canción compuesta sería «Yesterday».

## El recaudador

Las letras de las canciones de The Beatles contienen no sólo poemas o historias ingeniosas, sino también referencias a la vida cotidiana. La presencia de personajes famoso de la política o del arte en sus letras es algo habitual, algunas veces como homenaje y otras como parodia, pero siempre llenas de ingenio. En «I'M the Walrus», por ejemplo, se cita a Edgar Allan Poe; en «Four Your Blue», a Elmore James,[48] y en la canción «Taxman» («El Recaudador») se cita a los primeros ministros Edward Heat y Harold Wilson.

---

48. Legendario guitarrista, inspirador de Keith Richards o B.B. King.

> **Una llamada de atención a dos primeros ministros, conservador uno y laborista el otro.**
>
> *Dont ask me what I want it for*
> *Aah mister Wilson*
> *If you dont want to pay some more*
> *Aah mister Heat*
> *Cause im the taxman*
> *Yeah, im the taxman*
>
> *No me preguntes para qué lo quiero*
> *Aah, mister Wilson,*
> *Si no quieres pagar más*
> *Aah, mister Heat,*
> *Porque soy el recaudador de impuestos*
> *Sí, soy el recaudador de impuestos*

## El anuncio de lo inevitable

El día 10 de abril de 1970, el *Daily Mirror* publicaba unas declaraciones de Paul McCartney anunciando la separación definitiva de The Beatles. Paul rompía así el acuerdo tácito de que sería en una rueda de prensa de los cuatro donde se comunicaría la ruptura del grupo. Dos fueron las razones por las que Paul dio el paso, la primera probablemente era que la rueda de prensa estaba siendo montada por John con la clara intención de que la presencia ante los medios se convirtiera en una lista de agravios y de discrepancias; la segunda tenía que ver con el lanzamiento de *Let it Be* que se había hecho sin consultarle en absoluto y orquestando sus canciones, en especial «The Long and Winding Road», escrita sólo para voz y guitarra solista a la que se habían añadido coros y orquesta que la desvirtuaban totalmente. Paul se enfureció y probablemente se adelantó al anuncio de la separación por venganza, pero aquello se volvió contra él y durante mucho tiempo se le acusó, tal vez injustamente, de ser el culpable de la disolución del grupo. El titular del *Daily Mirror* decía claramente: «Paul deja The Beatles».

## No

El 29 de agosto de 1970, la revista *Melody Maker* publicaba una entrevista a Paul McCartney donde decía literalmente: «¿Mi respuesta a la pregunta de si The Beatles volverán a reunirse?: No». Y eso fue todo.

cuatro:

El club de corazones solitarios
(1970-1980)

# cuatro:

## El club de corazones solitarios

## (1970-1980)

**La ruptura de lo que parecía** una alianza musical indestructible, The Beatles, sumió en el desconcierto a millones de fans en todo el mundo. Después, poco a poco, fueron saliendo a la luz las desavenencias que les habían llevado a la ruptura. Desavenencias tal vez, sí, pero también un crecimiento personal de cada uno de ellos en direcciones opuestas. Supongamos que Paul McCartney estaba lanzado hacia la inmortalidad, hacia la construcción de un fenómeno musical más allá del tiempo y del espacio y que tiraba con todas sus fuerzas del grupo erigiéndose en líder hasta extremos casi religiosos. Y supongamos que George Harrison había encontrado otro camino, el camino de la meditación, de la religión auténtica, de la tranquilidad espiritual y de una relajada inspiración compatible con una vida familiar. John Lennon había encontrado a Yoko Ono y la simbiosis entre su rebeldía y el dadaísmo o surrealismo de su compañera le llevaban por un camino creativo-reivindicativo. Y Ringo Starr, supongamos, quería seguir viviendo con su grupo de amigos, John, Paul y George, haciendo música agradable, viviendo una adolescencia eterna, un proyecto a todas luces imposible y con graves problemas porque la adolescencia hacía mucho tiempo que se había acabado. Todas esas tendencias personales se mostraron como incompatibles. Se trataba de cuatro férreas personalidades con objetivos tan diferentes como los cuatro puntos cardinales y con egos muy marcados, tal vez con diferentes grados, pero presentes en todos ellos, ya hombres maduros.

## Ego

Entre mayo y junio de 1970 aparecieron en el mercado tres discos relacionados con The Beatles. El 8 de mayo salió a la venta *Let it Be*, el que sería último disco del grupo que, aunque grabado antes que *Abbey Road*, había permanecido dormido esperando a que los cuatro se pusieran de acuerdo. No hubo acuerdo y el disco fue producido a gusto de Phil Spector al que Allen Klein, el nuevo mánager, confió aquel último trabajo. Días después apareció *McCartney*, el disco de Paul y en menos de un mes estaba en el mercado *All Things Must Pass* un triple álbum de George Harrison con la magnífica canción «My Sweet Lord». La casi simultaneidad en el lanzamiento puso de manifiesto que no podía haber

La evocadora carátula del primer disco en solitario de Harrison, *All Things Must Pass*.

acuerdo alguno entre ellos. Los egos, salvo quizá el de Ringo Starr que sí aplazó la salida de un disco en solitario, eran demasiado grandes.

Con una letra casi religiosa y una gran calidad musical, George Harrison lanzó la canción «My Sweet Lord» que llegaría al número uno de las listas de ventas, un canto religioso que poco después le crearía algunos problemas.

*I really want to see you*
*Really want to be with you*
*Really want to see you lord*
*But it takes so long, my lord*

*My sweet lord*
*Hm, my lord*
*Hm, my lord*

*Realmente quiero verte*
*Realmente quiero estar contigo*
*Realmente quiero verte Señor*
*Pero falta mucho tiempo, mi Señor*

*Mi dulce Señor*
*Hm, mi Señor*
*Hm, mi Señor*

## Ábrete

El 4 de marzo de 1970 Yoko Ono grabó la canción «Open Your Box» («Abre tu caja») con el acompañamiento a la guitarra de John, Klaus

Voorman y Jim Gordon a la batería. La letra, obviamente erótica al estilo desinhibido de Yoko, sentó muy mal a los directivos de EMI que tardaron en aceptarla y la descartó de los planes de la norteamericana Capitol que la sustituyó por otra canción menos obvia, «Touch Me».

Para los directivos de las discográficas estaba muy claro a qué se refería la «caja» del título.

*Open your box,*
*Open your box,*
*Open your trousers,*
*Open your thighs,*
*Open your legs,*
*Open, open, open, open, oooh.*

*Abre su caja,*
*Abre su caja,*
*Abre su pantalón,*
*Abre sus muslos,*
*Abre sus piernas,*
*¡Abre, abre, abre, abre, ohhh!*

## Conflictos legales

El 31 de diciembre de 1970, Paul presentó en los tribunales una demanda de disolución de la firma Beatles & Co. Con la finalidad de desvincularse definitivamente del grupo musical y de sus antiguos compañeros. La decisión la tomó después de intentar por todos los medios que Allen Klein, el mánager, aceptara de buen grado que desapareciera la sociedad formada por John, George, Ringo y Paul, pero Klein se negó obstinadamente y el despacho de abogados de Eastman, la familia política de Paul, aconsejó al músico la medida. La demanda supuso un duro golpe para todos porque, incluso Paul, les consideraba todavía sus amigos, pero podía más su deseo de independencia y de lucha contra los intereses económicos de Klein.

## ¿Secuestro?

Entre el 21 y el 23 de abril de 1970 tuvo lugar otro de esos hechos sólo achacables a la inconsciencia o a la prepotencia por parte de John Lennon. El día 21, John y Yoko llegan a la isla española de Mallorca donde el gurú Maharishi estaba ofreciendo uno de sus cursos de meditación al que asistían Tony Cox, ex marido de Yoko, y su esposa, Melinda. Contraviniendo los derechos de Cox sobre la custodia de Kyoko, la hija común, John y Yoko recogieron a la niña en la guardería y se la llevaron a su hotel, probablemente con la intención de trasladarla a Gran Bretaña, pero aquella misma noche, la policía se presenta en el hotel, les detuvieron y les llevaron a todos a la comisaría, incluida Kyoko. A las pocas horas, Cox y Melinda recuperaron a la niña y después John y Yoko fueron puestos en libertad. Se supone que no llegó a haber denuncia por secuestro, pero Yoko Ono jamás recuperó ya la custodia de su hija.

## Empieza la guerra

Entre el 16 y el 25 de enero de 1971 tuvo lugar en el Tribunal Superior de Londres el juicio para la disolución de Beatles & Co. instado por Paul McCartney. Solo él asistió al juicio, los otros tres beatles (cuatro si contamos a Yoko Ono) se limitaron a enviar declaraciones juradas con sus argumentos. El juicio hizo públicas entonces las desavenencias del grupo dejando claro que no era Paul el culpable de la separación, al menos no el único culpable. La línea de ataque los abogados de McCartney, el bufete Eastman, fue contra Allen Klein por sus prácticas poco escrupulosas amparándose en una sentencia contra él, en Estados Unidos, por evasión de impuestos. Por el momento, el asunto se saldó con una sentencia del tribunal el 27 de abril en el que nombraba un administrador independiente para llevar los asuntos de Apple, como pedía Paul, mientras se llegaba a un acuerdo de liquidación de la sociedad. La falta de acuerdo les costó 100.000 libras en costas judiciales.

## La nueva Internacional

El 21 de enero de 1971, la revista *The Red Mole* publicaba una entrevista a John Lennon bajo el título «Power to the People» («El poder para el pueblo») y poco después Lennon componía una canción con ese mismo título donde revindicaba a la clase obrera y sobre todo a la clase obrera femenina. En algún momento, en círculos izquierdistas se habló de sustituir *La Internacional* por «Power to the People» como himno de la clase obrera de finales del siglo XX.

> *Say you want a revolution*
> *We better get on right away*
> *Well you get on your feet*
> *And out on the street*
>
> *Singing power to the people*
> *Power to the people*
> *Power to the people*
> *Power to the people, right on*

## Ni por solidaridad

Cuando en marzo de 1971 estalló la guerra de secesión entre Pakistán Oriental (Bangladesh) y el Occidental, el mundo se estremeció por una

Harrison y Clapton en el concierto benéfico por Bangladesh.

catástrofe sin precedentes en la que un ciclón, el *Bhola*, arrasó el país que, de golpe, se veía abocado además a una agresión por parte del ejército de Pakistán Occidental. Ravi Shankar, bengalí,[49] pidió a su amigo George Harrison que hiciera algo para ayudar a paliar el desastre y la hambruna y a George se le ocurrió dar un gran concierto para recaudar fondos en el Madison Square Garden de Nueva York. Harrison creyó que era un buen momento para reunir a The Beatles, sin ánimo de continuidad desde luego, pero tan noble proyecto fracasó y sólo Ringo aceptó colaborar. John, como siempre, puso como condición que Yoko Ono subiera con él al escenario (The Beatles + Yoko), George ponía como condición que Yoko se mantuviera al margen y Paul argumentó que había asuntos legales importantes que todavía los separaban. El concierto se hizo con la asistencia de eminentes figuras del rock, pero con sólo George y Ringo a título personal. The Beatles habían muerto.

---

49. Hasta la independencia de la India en 1947, esa región oriental era conocida como Bengala, y sus pobladores bengalíes, mayoritariamente musulmanes, una de las cientos de etnias que pueblan el subcontinente indio. Tras la independencia, formaron Pakistán junto con la región occidental, también de mayoría musulmana pero de origen pashtun.

## Adiós Britannia, adiós

El día 13 de agosto de 1971, John Lennon embarcó en un avión en el aeropuerto de Heathrow con destino a Nueva York, superados los problemas de visado que le ponía la administración de Richard Nixon por sus marcadas tendencias izquierdistas. La ciudad de Nueva York le declaró enseguida persona non grata por sus posturas contra la guerra de Vietnam y su participación en manifestaciones pacifistas. De hecho a partir de 1972 el FBI intervendría sus teléfonos y le vigilaría llegando incluso a relacionarle con el movimiento de los Panteras Negras. Lo que John no sabía al subirse a aquel avión es que nunca más volvería a pisar tierras británicas.

## La aventura de Wings

Ese mismo mes de agosto, Paul McCartney anunció la creación de un nuevo grupo musical, Wings, lanzado a bombo y platillo como una colaboración entre iguales que no tendría un líder, unas intenciones que perseguían lavar un poco la imagen de que Paul había sido la causa de la ruptura de The Beatles por sus modales de líder del grupo. El grupo inicial lo formaron Paul, su esposa Linda, Danny Lane que había sido guitarrista en The Moody Blues y Denny Seiwell a la batería. Las acusaciones de sus antiguos compañeros de The Beatles, en especial de Lennon y Harrison, de que Paul quería dirigir por encima de todo, parecieron tomar cuerpo con el asunto Wings. Por la banda pasaron infinidad de músicos, Henry Mac Cullough, Geof Britton, y media docena más hasta su disolución en 1981 y aunque todo es especulación, el caso es que sólo Linda y Danny Lane aceptaron el liderazgo de Paul. McCartney era productor, compositor, principal solista... ¡y era Paul McCartney!, lo que desmentía aquella primitiva intención de ser todos iguales.

En 1971, John Lennon y Yoko Ono emigraron a Estados Unidos. John nunca volvió a Inglaterra.

## Imagine y veneno

En septiembre de 1971 salió a la venta el álbum *Imagine* de John Lennon, sin duda el mejor trabajo en solitario del ex Beatle que escaló posiciones enseguida hasta el número uno de ventas. Se trataba de un trabajo en el que recogía sus composiciones post Beatles con la ayuda de Yoko Ono en una canción, «Oh My Love» y la producción de Phil Spector, precisamente el hombre que había hecho enfurecer a Paul por su trabajo en el disco *Let it Be*. Sin duda la mejor canción del disco es precisamente «Imagine», pero en el álbum hay dos canciones que han pasado a la historia por la extraordinaria agresividad contra Paul McCartney, su viejo amigo. Son estas canciones «Crippled inside» y «How Do You Sleep?».[50] No es extraño que cuando le preguntaron a Mick Jagger si pensaba que alguna

---

50. Los títulos ya destilan veneno. El primero, se podría traducir al español por «Estropeado, lisiado, paralítico o mutilado por dentro» y el segundo «¿Cómo duermes por las noches?», referido a Paul, claro está, lo dice todo. (*N. del T.*)

vez The Rolling Stones podrían acabar separándose, respondiera: «No. Pero si llegamos a hacerlo no será con tan mala leche».

> «Cripple Inside» aparentemente está dedicada a una mujer, pero es obvio que expresa lo que John siente por su antiguo amigo:
>
> *You can shine your shoes and wear a suit*
> *You can comb your hair and look quite cute*
> *You can hide your face behind a smile*
> *One thing you can't hide*
> *Is when you're crippled inside*
>
> *Puedes sacar brillo a tus zapatos y llevarlos a juego*
> *Puedes peinarte y verte absolutamente linda*
> *Puedes ocultar tu cara detrás de una sonrisa*
> *Una cosa no puedes ocultar*
> *Es que estás lisiada por dentro*

## My sweet Lord!

En 1971, George Harrison se vio inmerso en un pleito con la editorial Brigth Tunes por la canción «My Sweet Lord»; esta lo demandó por considerar que la canción era un plagio de «He's So Fine» del grupo The Chiffons. Finalmente, los tribunales le dieron la razón a Brigth Tunes contra George. Harrison siempre sostuvo que se inspiró en «Oh happy day», de Edwin Hawkins Singers, y también en «He's So Fine», pero el tribunal se decantó a favor de The Chiffons, que percibieron una indemnización de 587.000 dólares por «plagio inconsciente». La canción de The Chiffons no tuvo nunca, ni de lejos, la trascendencia de la firmada por George Harrison.

La segunda de estas canciones de Lennon, «How Do You Sleep?», era mucho más directa:

*So Sgt. Pepper took you by surprise*
*You better see right through that mother's eyes*
*Those freaks was right when they said you was dead*
*The one mistake you made was in your head*
*Ah, how do you sleep?*
*Ah, how do you sleep at night?*
*You live with straights who tell you you was king*
*Jump when your momma tell you anything*
*The only thing you done was yesterday*[51]
*And since you're gone you're just another day*
*Ah, how do you sleep?*
*Ah, how do you sleep at night?*

*Sargent's Pepper te tomó por sorpresa.*
*Será mejor que veas bien a través de los ojos de mamá.*
*Esos fenómenos estuvieron bien cuando dijeron que estabas muerto.*
*El único error que cometiste fue en tu cabeza.*
*Oh, ¿cómo duermes?*
*Oh, ¿cómo duermes por las noches?*
*Vives en línea con quien te dijo que eras el rey.*
*Saltas cuando tu mamá no te decía nada.*
*La única cosa que hiciste fue ayer*
*Y desde que te fuiste eres sólo otro día.*
*Oh, ¿cómo duermes?*
*Oh, ¿cómo duermes por las noches?*
*Oh, ¿cómo duermes?*
*Oh, ¿cómo duermes por las noches?*

---

51. Naturalmente, hace un juego de palabras con «Yesterday», la mejor de las canciones de McCartney.

## Liquidación y cierre

Entre febrero y marzo de 1972 se dieron dos pasos más en la disolución definitiva de The Beatles. El 8 de febrero se liquidó la tienda Beatles Fan Club Shop y el 31 de marzo se disolvió el Official Beatles Fan Club.

## Lennon *vs.* USA, parte I

El 29 de febrero de 1972 caducó el visado estadounidense de John Lennon, y el 15 de marzo las autoridades pidieron a John y Yoko que abandonaran el país. John estaba poco dispuesto a aceptar una decisión que era, indudablemente, una venganza contra su militancia en contra de la guerra de Vietnam y sus ideas de izquierda, agravado todo ello por la animadversión personal de Richard Nixon, que sería elegido presidente en las elecciones de noviembre de 1972. Lennon recurrió judicialmente la decisión de la Oficina de Inmigración y demostró que el FBI tenía intervenidos sus teléfonos. En diciembre de 2006, *The Independent* publicó un reportaje en el que se citaba una carta personal de J. Edgar Hoover, director del FBI, al Departamento de Justicia, advirtiendo de la militancia de izquierda de Lennon y su apoyo a «diversas causas extremistas» como la oposición a la guerra de Vietnam, la crítica de la detención de Angela Davis o la creación de canciones «subversivas».

## Donde las dan...

En diciembre de 1973, Lennon inicia una campaña de presión a partir de Radio Luxemburgo[52] para que el Reino Unido elimine sus antece-

---

52. En los años sesenta, Radio Luxemburgo era un referente musical para la juventud europea con una emisión constante de música pop y rock inigualable. Su audiencia superaba, con mucho, entre la juventud a la BBC.

dentes por posesión de marihuana que es la excusa puesta por el Gobierno de Estados Unidos para no renovar su permiso de residencia. Miles de cartas llueven sobre el palacio de Buckingham para que la Reina presione y los antecedentes desaparezcan, pero John olvida algo: la Reina está dolida porque Lennon devolvió su medalla de la Orden del Imperio Británico. En enero John escribe personalmente a la Reina pidiendo su ayuda, pero el palacio de Buckingham permanece mudo.

## Amante por mandato

En enero de 1974, después de una pelea, John abandonó el hogar conyugal e inició una relación con su secretaria May Pang con la que se instaló en Los Ángeles. El deseo de John era volver a Inglaterra a ver a sus viejas amistades pero sabía que si lo hacía las autoridades norteamericanas, que no se atrevían a montar el show de la expulsión, no le dejarían volver a entrar en el país. Seguía intentando sin éxito que la Reina le perdonara la condena por posesión drogas, lo que le permitiría viajar al

May Pang (izquierda) junto a Cynthia Lennon en una imagen reciente

Reino Unido y volver, pero ese perdón no llegó nunca. En cambio, May Pang ejerció como auténtica «espía en la cama» al servicio de Yoko Ono, reuniendo datos sobre la desordenada vida de Lennon sin Yoko y su alcoholismo que luego plasmaría en un libro[53] con la bendición de la esposa despechada.

## No nos moverán

El 17 de marzo de 1974, John Lennon recibe la orden de abandonar Estados Unidos emitida por el Departamento de Justicia. Le dan un plazo de seis días, pero Lennon recurre inmediatamente la sentencia lo que le da un plazo adicional de varios meses dada la lentitud de la Justicia. Un Club de Fans creado al respecto en Boston organiza una manifestación de más de 2.000 personas contra la orden de expulsión. Nuevamente se le da orden de expulsión para el día 8 de septiembre, pero Lennon la vuelve a recurrir de nuevo.

## Sinatra dijo: no

En 1974, Paul McCartney tuvo la idea de ofrecer a Frank Sinatra la canción «Suicide», un tema que había escrito en 1956 cuando sólo tenía catorce años. La canción nunca había sido incluida en ninguno de los álbumes de The Beatles y aunque Paul había barajado la posibilidad de incluirla en su primer disco en solitario, *Paul McCartney*, lanzado en agosto de 1970, finalmente desechó la idea porque la consideró inapropiada para el tono general del álbum. Paul calculó mal la respuesta de Sinatra que se limitó a rechazarla sin más.

---

53. En 1983 fue publicado con el título *Loving John* y posteriormente reeditado como *John Lennon: The Lost Weekend*, reducido y centrado en aspectos muy personales.

## Con Elton John

La última aparición de John Lennon en un escenario tiene lugar el día 28 de noviembre de 1974, Día de Acción de Gracias, en el Madison Square Garden junto a Elton John. Cantan juntos tres canciones y la grabación del concierto no sería hecha pública hasta después de la muerte de Lennon.

El último concierto,
el 28 de noviembre de 1974.

## Mister Ono

En febrero de 1975, John y Yoko vuelven a vivir juntos después de su periodo de separación. Es entonces cuando se instalan en el edificio Dakota de Nueva York que ya había sido utilizado por Roman Polansky para los exteriores de su película *Rosmary's Baby*.

## La cuna de Liverpool

A mediados de 1975, el Liverpool Art College, donde estudiaban Stu Sutcliffe y John Lennon, vio nacer otro grupo musical que auguraba un excelente futuro. Se trataba de Deaf School formado por una chica, Bette Brigth, y por Ian Ritchie, Max Ripple, Clive Langer, Steve Lindsay y Tim Whitaker. En 2009 grabaron su último álbum *English Boys/ Working Girls*.

## Un nueva vida

Por fin, los problemas de John con Inmigración en Estados Unidos parecieron arreglarse. El día 7 de octubre de 1975, el Tribunal Supremo de Nueva York revocaba la orden de deportación contra Lennon y dos días más tarde nacía Sean, el único hijo que tuvo con Yoko Ono, exactamente nueve meses después de su reconciliación. John Lennon anunció entonces que se retiraba de la música para dedicarse a cuidar de su hijo y a las labores domésticas.

John y Yoko tras su reconciliación, en 1975.

## Una leyenda urbana

Alrededor de The Beatles siempre han circulado infinidad de leyendas urbanas; no hay más que recordar la de la supuesta muerte de Paul, así que la siguiente hay que tomársela con cierto escepticismo. Corrió la voz en ese año, 1976, que Paul se decidió un día a hacer una visita a su amigo John Lennon, sin más intención que pasar un rato con él y tocar juntos la guitarra como en los viejos tiempos. Cuenta la historia que Paul se presentó en la casa de John en Nueva York con su guitarra en la mano, sin avisar. Cuando John abrió la puerta llevaba puesto un delantal en el que se secaba las manos y exclamó algo así como «¡Adónde vas con esa guitarra!» y añadió, «Ahora no puedo atenderte, tengo pan en el horno y estoy cambiando al bebé». Y le cerró la puerta en las narices.

## Míos para siempre

El 26 de enero de 1976 es la fecha en que caducó el contrato de nueve años que The Beatles tenían con la discográfica EMI. Eso significaba que a partir de entonces, las nuevas producciones musicales del grupo ya no estarían ligados a la discográfica, pero según los términos del contrato, EMI seguía siendo dueña de los derechos de toda la producción de The Beatles. La discográfica se lanzó entonces a reeditar febrilmente la música del grupo que, si bien seguía recibiendo sus correspondientes derechos de autor, no tenían ningún control sobre la música que habían producido a lo largo de su carrera. Otros grupos musicales, como The Rolling Stones por ejemplo, ya habían aprendido la lección y por contrato conservaban la propiedad de sus producciones.

## Klaatu

En 1976 apareció en Canadá un disco con el original título de *3:47 EST*, al parecer obra de un grupo musical canadiense que, en su forma y en su música, tenía un gran parecido con The Beatles. En Estados Unidos se lanzó con el título de *Klaatu*,[54] que era el nombre del grupo, pero los productores decidieron jugar a la ambigüedad y no dieron ningún dato sobre los miembros que formaban el grupo. La canción incluida en el disco *Sub-Rosa Subway*, era francamente parecida a la música de The Beatles y en muchos medios de comunicación se especuló con que The Beatles habían vuelto a reunirse. En 1980, tras lanzar su cuarto disco, se hizo público el nombre de los integrantes de «Klaatu», Terry Draper, John Woloschuck y Dee Long. Nada que ver con los chicos de Liverpool.

## Un mal día en Los Ángeles

El 5 de enero de 1976 tuvo lugar en Los Angeles un luctuoso suceso relacionado con The Beatles. Ese día fue muerto a tiros por la policía Malcolm Evans, conocido como Mal, un hombre de 40 años nacido en Liverpool y que residía en aquel momento en California. Mal había sido un personaje crucial en la vida de The Beatles. Durante su juventud trabajó en el Servicio Postal Británico y como pluriempleo se ocupaba de la seguridad en The Cavern por lo que, desde el principio, se convirtió en amigo de los miembros del grupo. Cuando The Beatles empezaron a viajar, con giras continuas, Brian Epstein le contrató como «road», chófer, vigilante y encargado del montaje y desmontaje de los equipos y los escenarios. Cuando dejaron las giras, en 1966, Mal continuó trabajando para ellos en la compañía Apple y tras la separación continuó su amistad con todos los miembros del grupo haciendo trabajos esporádicos. Precisamente, Mal acompañaba en Los Angeles a John Lennon y a la que entonces era su pareja, May Pang, la mujer que había sustituido durante una temporada a Yoko Ono. Aquella infausta noche Mal Evans se vio envuelto en un tiroteo con la policía de Los Ángeles (famosa en la época por la facilidad en disparar a la gente) cuando le confundieron con un delincuente. Mal llevaba en el mo-

---

54. Klaatu es el nombre del personaje-robot de la película *Ulimátum a la Tierra*, de 1951.

mento del hecho una maleta con grabaciones y documentos inéditos de The Beatles que desapareció durante la investigación y nunca más se ha encontrado.

## Récord de asistencia

Paul McCartney, al frente de Wings, alcanzó el 2 de junio de 1976 un nuevo récord que ponía de manifiesto que su carrera musical ni mucho menos había terminado con The Beatles. Ese día reunió a 67.100 personas en el King Dome de Seattle, en Estados Unidos, el concierto a cubierto más multitudinario de la historia de la música. Presentaba el disco *Wings at the Speed of Sound* y el grupo lo formaban Paul, Joe English y Jimmy MacCulloch.

## Polydor

En 1975, Ringo Star había formado su propia compañía discográfica, «Ring O'Records» donde produjo a varios artistas como David Hentschel, Graham Bonnet o John Tavener, pero a principios de 1976 firmó un contrato con la discográfica Polydor para grabar un disco propio. El disco, «Ringo's Rotogravure» fue distribuido en Estados Unidos, donde tuvo un gran éxito, por la filial de Polydor, Atlantic Records. Polydor era la compañía discográfica que diez años antes había rechazado grabar con The Beatles porque «los grupos de guitarras estaba acabados».

## Lennon *vs.* USA, parte II

El 27 de julio de 1976 fue un gran día para John Lennon. Ese día, la juez Ira Fieldsteel del Tribunal de Nueva York aprobó la solicitud de residencia de Lennon en Estados Unidos después de tres años de litigios. Unos días más tarde recibía la tarjeta verde en una ceremonia a la que asistieron Norman Mailer, Gloria Swanson, Geraldo Rivera y el escultor Isamu Noguchi, hijo de japonés y norteamericana. La juez apuntó en su auto que la insistencia de Lennon en obtener el permiso de residencia era prueba de que apreciaba el modo de vida americano. Para entonces, John Lennon, el rebelde, se había convertido en un ejemplar padre de familia y amo de casa mientras Yoko se ocupaba con gran éxito de los negocios familiares.

## The Rancorous

El 20 de septiembre de 1976, el promotor Sid Bernstein hizo publicar en varios diarios norteamericanos, a toda página, una petición a The Beatles para que se reunieran y dieran un concierto benéfico. No hubo respuesta. Poco después, en noviembre, John y Paul se reunieron ante las cámaras de televisión del programa *Saturday Night Live*. A pesar de que hubo brillantes momentos de sintonía y buen humor, los dos viejos amigos no tardaban en caer en los reproches y todo acabó en una pelea a gritos, ¡seis años después de su separación oficial!

## Adiós a la Banda

Ringo Starr ha sido sin duda el Beatle que más se ha prodigado en el cine, con pequeños papeles en multitud de películas, como productor, como autor de bandas sonoras e interpretándose a sí mismo en multitud de shows y documentales. Pasan largamente del centenar los episodios de cine o de televisión en los que ha aparecido. Uno de los más significativos tuvo lugar en noviembre de 1976 cuando tomó parte en la obra maestra de Martin Scorcesse «The Last Walz», el homenaje al grupo norteamericano The Band. Ringo tomó parte en el gran espectáculo que contó con artistas como Bob Dylan, Ron Wood, Muddy Waters, Eric Clapton, Neil Young, Van Morrison o Neil Diamond. Ninguno de sus compañeros de The Beatles tuvo el detalle del amable Ringo.

## John & Jimmy

En enero de 1977, el día 20, Jimmy Carter tomó posesión como presidente de Estados Unidos después de vencer en las elecciones de noviembre al candidato republicano Gerald Ford. John Lennon y su esposa Yoko Ono asistieron a la ceremonia de toma de posesión pues Lennon se había declarado partidario de Carter y confiaba en él. El respeto era mutuo y años después Carter declaraba que la canción «Imagine» le había inspirado y la había sentido siempre como un himno de paz que llegaba a cualquier lugar del mundo.

## Segundas partes

El 9 de junio de 1977 se hizo oficial el divorcio de George Harrison y Pattie Boyd después de once años de matrimonio, aunque su separación databa ya de 1974. Dos años después ella se casaría con Eric Clapton, una segunda oportunidad para recuperar un amor de juventud. Aproximadamente por la misma época, verano de 1977, Harrison sacó al mercado la canción «This Song», una especie de parodia del asunto del plagio de «My Sweet Lord» que él nunca admitió.

Pattie Boyd y Eric Clapton en 1975.

La letra de «This Song» empezaba así:

*This song has nothing tricky about it*
*This song ain't black or white and as far as I know*
*Don't infringe on anyone's copyright, so ...*

*Esta canción no tiene nada complicado en ello*
*Esta canción no es blanco o negro y hasta donde yo sé*
*No infringir los derechos de autor de nadie, así que...*

## La manzana de la discordia II

En 1978, la firma Apple Corp., administradora de los bienes de The
Beatles demandó a la recién creada Apple Computer por una razón evidente, el plagio de su nombre y su logotipo. Los tribunales dieron la
razón a la empresa de The Beatles en 1981 en una sentencia que supuso la autorización de la compañía informática del logo y el nombre
a cambio de una compensación económica que se estableció en una
cantidad que nunca se llegó a conocer exactamente, pero que pudo
rondar los 250 millones de dólares. Además, el acuerdo firmado estableció que Apple Computer no entraría nunca en el negocio de la música. Se da la circunstancia de que uno de los primeros fundadores de
la Apple Computer era Jerry Rubin, activista político que había estado
muy relacionado con John Lennon y autor del libro *Do It*,[55] la biblia del
movimiento ácrata y contestatario estadounidense, con un prólogo del
Black Panter Eldridge Cleaver.

---

55. Publicado en España como *El manifiesto yuppie* (*N. del T.*).

## El fracaso de los corazones solitarios

Uno de los fracasos más espectaculares de la industria del disco, y de paso de la del cine, fue el lanzamiento en julio de 1978 de la película *Sargeant Pepper's Lonely Hearts Club Band* dirigida por Michael Schultz e interpretada por The Bee Gees, Steve Martin, Donald Pleasence, Aerosmith y otros destacados intérpretes de la música y el cine. Si el disco de The Beatles había sido un fenómeno de la música y de las ventas, la película y la banda sonora interpretada por Bee Gees fue un rotundo fracaso. Del tiraje inicial de seis millones de discos se llegó a vender un millón y la película apenas se mantuvo en las carteleras. Quedó claro que la música de The Beatles era para que la interpretaran The Beatles.

## The Rutles

Hablando de cine, en 1978 se estrenó una divertidísima película que sí obtuvo un gran éxito y en la que The Beatles tenían mucho que ver. Se trata de *The Rutles: All You Need Is Cash* (*The Rutles: Todo lo que necesitas es efectivo*) una parodia de la historia de The Beatles imaginada por Monthy Pyton y en la que participaron George Harrison, Mick Jagger, Michael Palin, Bianca Jagger, John Belushi, Dan Aykroyd, Bill Murray, Ron Wood y Paul Simon, entre otros. La idea había sido de Eric Idle (ex Monthy Pyton), un pequeño sketch para su programa de TV, pero el éxito fue tan grande que la convirtieron en un largometraje.

## The Beatles... o casi

Patti y Eric Clapton se casaron el 27 de marzo de 1979 en la ciudad norteamericana de Tucson donde él iniciaba un gira por Estados Unidos con su grupo. Hubo una fiesta en un hotel esa noche, pero la verdadera celebración de la boda tuvo lugar el 19 de mayo en un descanso de la gira. Asistieron unos cuarenta invitados entre los que se encontraban Paul

McCartney y Ringo Starr, además de Mick Jagger, Elton John y David Bowie. Pero no sólo eso, sino que también asistió George Harrison acompañado de su nueva esposa Olivia Arias. Para terminar de redondear un día inolvidable en todos los sentidos, George, Paul y Ringo interpretaron juntos algunas de sus canciones. Un regalo para Eric y Patti.

## Fórmula George

En marzo de 1979 apareció el disco llamado *George Harrison* con temas propios y uno de ellos «Faster», lanzado como single, llegó a situarse en buen lugar en las listas de ventas. Esa canción, «Faster», la escribió George como un tributo a su afición a la fórmula 1 que adquirió a desde que en 1977 empezó a asistir a diferentes carreras. Tras una charla con Niki Lauda en la Watkins Glen Race decidió escribirla y el título lo extrajo de un libro sobre Jackie Stewart, otro de sus ídolos de la Fórmula 1.

> *Chose a life in circuses*
> *Jumped into the deepest end*
> *Pushing himself to all extremes*
> *Made it - people became his friend.*
> *Now they stood and noticed him*
> *Wanted to be part of it*
> *Pulled out some poor machinery*
> *So he worked 'til the pieces fit.*
>
> *Eligió una vida en los circuitos*
> *Tocó fondo*
> *empujándose a sí mismo hasta el extremo*
> *Hizo que todo el mundo se convirtiera en su amigo.*
> *Ahora se puso de pie y se fijó en él*
> *Quería ser parte de ella*
> *Sacó unas máquinas pobres*
> *Así que trabajó hasta que las piezas encajaron.*

## Un mal año

Ringo Star había sufrido de niño graves problemas de salud, entre ellos una peritonitis y en abril de 1979 tuvo que ser ingresado de urgencia en un hospital de Montecarlo por un grave problema intestinal. La crisis estuvo a punto de costarle la vida y los cirujanos tuvieron que extirparle parte del intestino para eliminar una oclusión que a punto estuvo de acabar con él. Ringo residía en Montecarlo desde hacía años huyendo de los altísimos impuestos del Reino Unido pero la mala suerte se cebó con él pues meses después, el 28 de noviembre, la casa que poseía en Los Ángeles quedó destruida por un incendio.

## Paul en el Guinness

1979 fue un gran año para Paul McCartney que seguía imparable su carrera musical al frente de Wings. En ese año, el libro Guinness de los récords le incluyó en su edición como el más destacado compositor de música pop de todos los tiempos: 43 de sus canciones habían vendido más de un millón de copias, tenía sesenta discos de oro, y las ventas de sus discos sencillos y álbumes rondaba los cien millones de copias. Ese mismo año, en diciembre, tal vez para quitarse la espina del concierto para Bangladesh en el que no participó, en diciembre organizó una serie de conciertos en el Hammersmith de Londres con el fin de recaudar fondos para ayudar a la población de Kampuchea (Camboya) asolada por el régimen de Pol Pot. The Who, The Queen, The Clash, Elvis Costello y The Pretenders acompañaron a Wings.

cinco:

Soy leyenda
(1980-2010)

# cinco:
## Soy leyenda
## (1980-2010)

**A partir de 1980,** más o menos, The Beatles han entrado ya en la leyenda. Las sucesivas reediciones de algunos de sus temas musicales siguen alcanzando los primeros puestos en las listas de ventas y las nuevas generaciones se muestran interesadas en el fenómeno musical del siglo XX. La extensión de Internet y las fabulosas posibilidades de difusión de la música favorecen el mantenimiento del mito por mucho que pongan en peligro a la poderosa industria discográfica. En el lado negativo, el tiempo que sigue inexorable, la desgracia o la enfermedad, van contribuyendo también a la leyenda convirtiendo en mito no sólo a The Beatles, sino a cada uno de los miembros del grupo. La muerte de John Lennon, la de George Harrison, la de Neil Aspinall, Ivan Vaugham y Linda McCartney han ido marcando ese pase a la inmortalidad de un fenómeno irrepetible. Al frente de todo ello se ha consolidado en estos años la personalidad indiscutible de Paul McCartney, su inagotable calidad musical más allá del fenómeno Beatle, reinventándose a sí mismo con cada nuevo trabajo y tal vez, en el fondo, Ringo Starr, el más querido de los muchachos de Liverpool, sea quien mantiene el recuerdo de lo que eran, el auténtico corazón vivo de The Beatles.

## El regreso

El 21 de septiembre de 1980, después de cinco años dedicándose a la vida hogareña, John Lennon firmó un contrato con David Geffen, dueño de Geffen Records, para la grabación de un disco con decenas de maquetas que John llevaba bajo el brazo. Lo anecdótico del caso es que Geffen firmó a ciegas, sin oír ni una de las canciones que Lennon le ofrecía. El resultado fue el disco *Double Fantasy*, una auténtica joya que fue calificada por la crítica como un trabajo genial, brillante y profundo.

## La leyenda John

En 1980 John y Yoko vivían en Nueva York, en el edificio Dakota que Roman Polansky había hecho famoso rodando en él la película *Rosemary's Baby* (*La semilla del Diablo*). Ambos habían vuelto al trabajo y grababan en los estudios Record Plant un nuevo disco tras el éxito de *Double Fantasy*. El hijo de la pareja, Sean, acababa de cumplir cinco años, en octubre, y sus padres volvían a la música después de dedicarle casi íntegramente esos cinco años. El 8 de diciembre era un lunes, un frío día neoyorkino como correspondía a los últimos días de otoño y John y Yoko regresaban sobre las diez y media de la noche a su apartamento, al que accedían por la calle 72 Oeste, justo delante de Central Park. Un joven al que Lennon había firmado un ejemplar de *Double Fantasy* unas horas antes, seguía en la puerta del edificio donde había estado toda la tarde. Cuando John y Yoko ya estaban en el vestíbulo del edificio, Mark David Chapman, el joven que les esperaba, llamó: «¡Señor Lennon!», John se volvió y en ese momento Chapman disparó cinco tiros de revólver, cuatro de los cuales alcanzaron el cuerpo de Lennon. Herido de muerte, John pudo arrastrarse unos metros hasta la caseta del vigilante que llamó inmediatamente a los servicios de emergencia. Una patrulla de la policía le trasladó al Roosevelt Hospital, relativamente cerca, pero una de las balas le había destrozado la vena aorta y a las 11 y media de la noche había muerto desangrado sin que pudieran hacer nada por su vida. Las reacciones en todo el mundo fueron de consternación, de dolor y de incredulidad y un movimiento solidario recorrió el mundo con

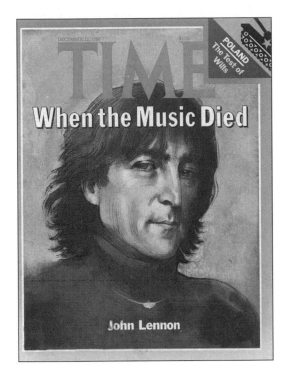

Portada de la revista *Time*, en 1980,
dedicada a John Lennon.

tanta intensidad, al menos, como la que provocó diecisiete años antes la muerte de John Kennedy.[56]

## Diez minutos de silencio

El domingo 14 de diciembre de 1980 se vivió en todo el mundo una oleada de solidaridad con el que había sido algo más que un músico nacido en Liverpool. Ese día, a la hora en que fue asesinado en Nueva York, se guardaron diez minutos de silencio en ciudades de todo el mundo en recuerdo del autor de «Imagine» y de cientos de canciones

---

56. Algunos medios llamaron la atención sobre la «frialdad» de la reacción de Paul McCartney al conocer la noticia: «Fue un gran hombre cuya ausencia será sentida tristemente», dijo. Tal vez, como aclaró él mismo, el dolor iba por dentro, en una línea que, desde el modo de ser mediterráneo, se podría calificar de «muy británica».

que forman parte de la historia de la música. Medio millón de personas se reunieron en Central Park de Nueva York para rendirle un póstumo homenaje. Los médicos que dictaminaron el estado mental de Chapman afirmaron que se trataba de un homicidio psicológico extraordinariamente complejo en el que tenía algo que ver el hecho de que Chapman había estado casado con una mujer de origen japonés y que, en algún momento, había llegado a firmar algunos documentos con el nombre de John Lennon.

## The Beatles para siempre

Seis meses después de la trágica muerte de John Lennon, George Harrison lanzó un disco, *Somewhere in England* que incluía una bella canción dedicada al desparecido John. «All those years ago» («Todos los años pasados») fue un encuentro emotivo en el que participaron Ringo y Paul, desmintiendo así la supuesta «frialdad» de Paul con la muerte del que fue su mejor amigo a pesar de las diferencias.

**La belleza de este verso dice mucho del cariño que había unido a The Beatles:**

*Deep in the darkest night*
*I send out a prayer to you*
*Now in the world of light*
*Where the spirit free of the lies*
*And all else that we despised.*

*En las profundidades de la noche más oscura*
*Envío una oración por ti*
*Ahora en el mundo de la luz*
*Dónde el espiritu está libre de las mentiras*
*Y todo lo demás que hemos despreciado.*

## De 20 a perpetua

El 25 de agosto de 1981, Mark David Chapman fue encontrado culpable de asesinato en primer grado en la persona de John Lennon y fue condenado a una pena que oscilaba entre 20 años y la cadena perpetua, lo que quiere decir con posibilidad de salir en libertad condicional al cumplir veinte años de prisión. En el año 2000, al revisarle la condena, le fue denegada la libertad condicional por varias razones, entre ellas que no mostraba arrepentimiento alguno y que Yoko Ono se opuso tajantemente. Desde 2000, la libertad condicional le fue denegada en otras cuatro ocasiones aunque en la última, en 2008, Chapman manifestó que estaba arrepentido y que había cambiado su percepción del valor de la vida humana.

## Beautiful boy

El programa musical *Desert Island Discs* de la BBC contó el día 30 de enero de 1982 con la presencia de Paul McCartney como artista invitado. Cuando el entrevistador preguntó a Paul sobre las ocho canciones sin las que no podría vivir, Paul incluyó «Beautiful boy», el tema que John había dedicado a su hijo Sean. El entrevistador se refería al hacer la pregunta a ocho canciones de las compuestas por el mismo Paul, pues ese era el tema de la entrevista, pero McCartney no dudó un instante en destacar la canción de Lennon, una auténtica delicia de letra y de música.

## A la sombra de papá

En abril de 1982, Julian Lennon graba su primer disco, la canción «I don't Wanna Feel It Any More» supuestamente original de John Lennon, que no tuvo repercusión. Sí la tuvo su posterior trabajo *Vallotte*.

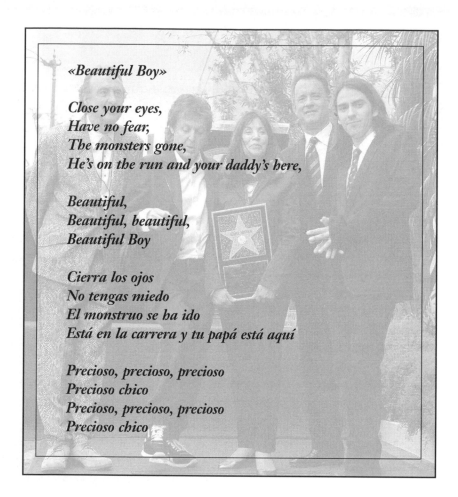

*«Beautiful Boy»*

*Close your eyes,*
*Have no fear,*
*The monsters gone,*
*He's on the run and your daddy's here,*

*Beautiful,*
*Beautiful, beautiful,*
*Beautiful Boy*

*Cierra los ojos*
*No tengas miedo*
*El monstruo se ha ido*
*Está en la carrera y tu papá está aquí*

*Precioso, precioso, precioso*
*Precioso chico*
*Precioso, precioso, precioso*
*Precioso chico*

## El irresistible escenario

En 1984, George Harrison vivía en Australia con su esposa, Olivia y sus hijo Dhani, traumatizado desde el asesinato de John, sin ningún interés por la música y deseando sólo pasar desapercibido. Sin embargo, algo cambió el día 13 de diciembre. Ese día, Deep Purple, la banda reunida de nuevo por Jon Lord, daba un concierto en Sidney al que acudió George dada su amistad de años con Lord. Cuando lo llamó al escenario, George no se pudo resistir y subió para tocar junto a él el clásico de Little Richard «Lucille».

## Publicidad

A partir de febrero de 1985 se empezaron a utilizar las canciones de The Beatles para la publicidad, algo que antes era imposible por los problemas con los derechos de autor y los pleitos entre los miembros del grupo y las discográficas. La primera canción utilizada fue «Help» en un anuncio de los automóviles Mercury en Estados Unidos y luego siguieron «We Cant Work It out» para Hewlett-Packard y «Revolution» para Nike. Ringo ha aparecido frecuentemente en anuncios publicitarios.

Ringo en una imagen
actual.

## Por Etiopía

El 13 de julio de 1985 tuvo lugar un acontecimiento irrepetible en el estadio londinense de Wembley. Ese día se ofreció un macro concierto, el Live Aid, a fin de recaudar fondos y sensibilizar a los británicos sobre el hambre en Etiopía. Se inició el concierto con la interpretación del himno británico y luego fueron desfilando por el escenario Status Quo, U2, Queen, Dire Straits y en último lugar Paul McCartney que hizo una interpretación magistral al piano de «Let it Be». El único detalle negativo fue que el micrófono que recogía su voz para la televisión dejó de funcionar y miles de teleespectadores le vieron sin poder oírle.

## Autor o propietario

Un acontecimiento espectacular, aunque muy discreto, tuvo lugar el 10 de agosto de 1985. Ese día, Michael Jackson, el rey del pop, adquirió la editorial ATV Music, la empresa que controlaba la totalidad de la producción musical de The Beatles. La operación tuvo un coste de 47,5 millones de dólares, pero a la larga supuso un inmenso negocio. Michael Jackson que había tenido un fabuloso éxito con su «Thriller» compitió y ganó con Paul McCartney que pujaba también por hacerse con el control de las canciones de las que era autor junto con John Lennon, pero a pesar de la amistad que se profesaban, Jackson no cedió y su oferta derrotó a la Paul y a la de Yoko Ono que también pujaba por la propiedad de ATV. El *affaire* enfureció a McCartney que no perdonó nunca a «ese niño mocoso» que a partir de ese momento podía administrar los derechos de las canciones y apropiarse de un elevado porcentaje de los derechos de autor de McCartney y de los herederos de Lennon.

## Abuelo rock

Nadie podía imaginarse a un miembro de The Beatles como abuelo, pero eso fue lo que sucedió el 7 de septiembre de 1985. Sara, esposa de Zak, hijo de Ringo Starr, dio a luz ese día a una niña a la que llamaron Tatia Jayne. Apenas ocho meses antes Zak, un chico muy independiente, se había casado por sorpresa sin avisar a sus padres. En él se cumple totalmente lo de la herencia pues Zak se ha convertido en uno de los baterías más prestigiosos del rock; desde 1996 es el batería de The Who y antes lo fue de Oasis.

## La manzana de la discordia III

El avance de la informática era ya imparable en 1986 y en ese año, Apple Computer lanzó al mercado su software de sonido MIDI y nuevos elementos de hardware de alta calidad en sus máquinas Macintosh lo que provocó una nueva demanda de Apple Corporation, la empresa musical de The Beatles, por romper el acuerdo suscrito en 1981. Los tribunales le dieron la razón de nuevo a Apple Corporation y la empresa norteamericana de software informático tuvo que detener el desarrollo de su sistema de sonido.

## Empresario y caballero

Desde que iniciaron su andadura en Liverpool, los muchachos que formaron The Beatles se habían dedicado a la música o en todo caso al cine o la literatura de forma esporádica, pero en 1986, Ringo Starr dio un nuevo giro a sus actividades y se convirtió en un serio y circunspecto empresario. El 26 de septiembre inauguró un restaurante en la ciudad norteamericana de Atlanta, el London Brasserie, y por todo lo alto con una *jam session* en la que tocó la batería rodeado de amigos. El experimento duró apenas dos años y tuvo que cerrar ante el escaso éxito del experimento.

## Su majestad el CD

El 7 de marzo de 1987 se produjo una revolución en la historia de los ya desaparecidos Beatles. Ese día salió al mercado el primero de los discos

del grupo en el formato digital, compact disc, el nuevo sistema aparecido cuatro años antes. Los nuevos discos compactos con canciones del
grupo de Liverpool escalaron las listas de éxitos y «Please, Please Me»
o «A Hard Day's Night» volvieron a aparecer como éxitos veinticinco
años después. Con el sistema CD entró una nueva controversia, la de
los nostálgicos que quieren y siempre querrán el sonido original con los
ruidos inherentes al vinilo o los modernos que prefieren el sonido lim-
pio de la grabación digital que, dicen, es al fin y al cabo la intención de
los autores que la técnica de la época no les permitió.

## Irreconciliables

En 1988 The Beatles vieron incluidos sus nombres en el Salón de la
Fama del Rock and Roll, el museo creado en la ciudad norteamericana
de Cleveland para honrar a los grandes músicos del rock. Ese mismo
año compartieron el honor The Beach Boys en el prestigioso museo
que había inaugurado su lista en 1986 con mitos de la música como
Chuk Berry o Ray Charles. Ringo y George asistieron a la ceremonia
en la que fueron incorporados, pero una vez más Paul McCartney se
negó a asistir con sus antiguos compañeros aduciendo diferencias eco-
nómicas sin resolver.

## Una pseudobiografía

En agosto de 1988 se publicó el libro *The Lives of John Lennon*, obra del
escritor y periodista norteamericano Albert Goldman. Según Yoko
Ono, Paul McCartney (curiosamente de acuerdo con ella), Cilla Black
y en general todas las personas que conocieron a Lennon, el libro se
trata de una «basura» (y otros calificativos peores) lo que lo convierte
en un libelo que sólo buscaba el escándalo. Malévolo e ignorante son
algunos de los calificativos que amigos y enemigos de Lennon lanzaron
en su día contra el libro de Goldman.

## Desintoxicación

El 6 de noviembre de 1988, Ringo Starr y su esposa Barbara Bach ingresaron en una clínica de la ciudad norteamericana de Tucson para someterse a una cura de desintoxicación de alcohol y drogas dado que, según ellos mismos, habían llegado a un punto del que no iba a ser fácil retornar. Ringo y Barbara se habían conocido en febrero de 1980 mientras rodaban en México la película *Cavernícola* de Carl Gottlieb y el flechazo había sido inmediato. Ella era una estrella en alza después de estrenarse como chica Bond en *La espía que me amó* junto a Roger Moore e interpretar otros filmes como *Fuerza 10 de Navarone*; inesperadamente fue rechazada por los productores de *Los ángeles de Charlie* para sustituir a Kate Jackson, algo que lamentaron después tras la fallida de Shelley Hack que apenas duró un año como Sabrina. Ringo y Barbara estuvieron internados durante casi cuatro meses en una lucha titánica por librarse de los hábitos del whisky, la cocaína y los fármacos.

Barbara Bach en *La espía que me amó.*

El resultado fue satisfactorio, de momento, y la pareja presumió después de haber dejado incluso el tabaco.

## La muerte de Roy Orbison

El 7 de diciembre de 1988 un fulminante ataque cardíaco se llevó a Roy Orbison, uno de los más originales y creativos músicos del siglo XX. Tenía cincuenta y dos años y empezaba una nueva etapa en una carrera que había languidecido en los últimos años. Estaba en marcha el proyecto Travelling Wilburys, impulsado por George Harrison en el que participaba Bob Dylan, Jeff Lynne, Tom Petty y Orbison. Habían grabado una magnífica canción «Handle with Care» y un primer álbum *Traveling Wilburys Vol. 1*, fue un trabajo de gran calidad que estuvo nominado como mejor álbum del año para los premios Grammy. Desgraciadamente, Orbison no pudo participar en el segundo álbum del grupo.

## Música letal

En 1989 se estrenó la película *Letal Weapon 2* (*Arma letal 2*) protagonizada por Mel Gibson y Danny Glover. Una de las canciones de su banda sonora original, «Cheers Down», era un trabajo de George Harrison. Poco antes había compuesto varios temas para el filme *Shangai Surprise*, con Madonna y Sean Penn, pero el éxito de este fue escaso, nada comparable al de *Arma Letal 2*.

## Gira, alcohol y tribunales

En el verano de 1989, Ringo Star realizó una gira por Estados Unidos con el nombre de Starrstruck-Ringo's Best 1976-83, con un selecto grupo de músicos, pero cuando el productor Chips Moman intentó

Roy Orbison (sentado, a la izquierda), junto al resto de los Travelling Wilburys.

lanzar un disco con las grabaciones de los conciertos, Ringo se opuso y le demandó alegando que todo el trabajo era de baja calidad, pues había tocado bajo los efectos del alcohol. Los tribunales le dieron la razón y todas las cintas grabadas le fueron devueltas y posteriormente destruidas, aunque para ello tuvo que pagar casi 80.000 dólares por los gastos ocasionados a Moman en la grabación.

## Ringo Simpson

Entre diciembre de 1989 y mayo de 1990 la cadena Fox emitió en Estados Unidos la primera temporada de la serie de dibujos animados *The*

*Simpsons*, con una nueva estética y unos guiones rompedores e insolentes que entusiasmaron a la audiencia. En esa primera temporada, Matt Groëning, su creador, dejó claro ya que amaba a The Beatles y que era un fan de toda la vida. En uno de sus primeros episodios, emitido en abril de 1990, aparecía Ringo Starr escribiendo una carta a Marge y la voz del dibujo la puso el mismo Ringo, algo que no había hecho en la exitosa «Yellow Submarine». En uno de los divertidos episodios se puede ver a un grupo musical The Bubbling (en español, Los Borbotones), cuatro músicos entre los que está Homer Simpson, desembarcando por primera vez en USA.

## Fantasmas del pasado

El 2 de enero de 1990, cuando Paul McCartney tocaba en el National Exhibition Centre de la ciudad de Birmingham, se coló en el escenario un hombre que acercándose al micrófono se presentó como el «padre McKenzie», nada menos, uno de los personajes de la canción «Eleanor Rigby» y cuyo nombre Paul había tomado de una tumba en el cementerio. Naturalmente, el hombre no era tal padre McKenzie y por un momento, entre los asistentes planeó la muerte de Lennon a manos de un supuesto admirador, pero Paul se lo tomó con flema y preguntó si no aparecerían también mister Kite y Billy Shears, personajes de la canción «Sargeant Pepper's».

## De Liverpool a Júpiter

El Smithsonian Astrophysical Observatory, de la Universidad de Harvard en Cambridge, Massachussets, sorprendió a propios y extraños el 12 de abril de 1990 con una iniciativa asombrosa. Cuatro nuevos asteroides descubiertos en el cinturón situado entre los planetas Marte y Júpiter en 1983 y 1984, recibieron los nombres de Lennon, McCartney, Harrison y Starr. La Cambridge norteamericana, fundada en 1630 con el nombre de Newtowne, cambió su nombre en

«Eleanor Rigby» es un canto a la soledad, y los nombres de ella y de McKenzie fueron obra de la imaginación de Paul.

*Father McKenzie*
*Writing the words of a sermon that no one will hear*
*No one comes near.*
*Look at him working.*
*Darning his socks in the night when there's nobody there*
*What does he care?*
*All the lonely people*
*Where do they all come from?*

*El padre McKenzie*
*Escribe un sermón que nadie oirá*
*Nadie se acerca*
*Mírale trabajando*
*Zurciendo sus calcetines de noche cuando no hay nadie*
*¿Qué más le da?*
*Toda la gente solitaria*
*¿De dónde viene?*

1638 por el de la prestigiosa ciudad universitaria británica tras la fundación, dos años antes, del Colegio de Harvard, embrión de la actual universidad.

## Imagine un mundo en paz

El día que John Lennon hubiera cumplido 50 años, el 9 de octubre de 1990, se celebraron en todo el mundo diversos actos de homenaje y

uno de los más interesantes y emotivos fue la interpretación de la canción «Imagine» en 130 países[57] al mismo tiempo.

## Una canción que se ha convertido en un símbolo:

*Imagine there's no Heaven*　　*Imagina que no hay paraíso,*
*It's easy if you try*　　　　　*Es fácil si lo intentas,*
*No hell below us*　　　　　　*No hay infierno bajo nosotros,*
*Above us only sky*　　　　　*Arriba, solamente cielo,*
*Imagine all the people*　　　　*Imagina a toda la gente*
*Living for today*　　　　　　*Viviendo al día...*

*Imagine there's no countries*　*Imagina que no hay países,*
*It isn't hard to do*　　　　　*No es difícil hacerlo,*
*Nothing to kill or die for*　　*Nada por lo que matar o morir,*
*And no religion too*　　　　　*Ni tampoco religiones,*
*Imagine all the people*　　　　*Imagina a toda la gente*
*Living life in peace*　　　　　*Viviendo la vida en paz*

*You may say that I'm a dreamer*　*Puedes decir que soy un soñador,*
*But I'm not the only one*　　　*Pero no soy el único,*
*I hope someday you'll join us*　*Espero que algún día te unas,*
*And the world will be as one*　*Y el mundo vivirá como uno solo.*

*Imagine no possessions*　　　*Imagina que no hay posesiones,*
*I wonder if you can*　　　　　*Me pregunto si puedes,*
*No need for greed or hunger*　*Sin codicia o hambre,*
*A brotherhood of man*　　　　*Una hermandad del hombre,*
*Imagine all the people*　　　　*Imagina a toda la gente*
*Sharing all the world*　　　　*Compartiendo todo el mundo...*

*You may say that I'm a dreamer*　*Puedes decir que soy un soñador,*
*But I'm not the only one*　　　*Pero no soy el único,*
*I hope someday you'll join us*　*Espero que algún día te unas,*
*And the world will live as one*　*Y el mundo vivirá como uno solo.*

---

57. Aquel día interpretaron la canción los mejores músicos del mundo: David Bo-
wie, Ray Charles, Natalie Cole, Joe Cocker, Terence Trent D'Arby, Dave Edmunds,
Lou Gramm, Al Green, Hall & Oates, Michael Jackson, Billy Joel, Elton John,
Lenny Kravitz, Cyndi Lauper, John Ono Lennon, Sean Ono Lennon, Yoko Ono
Lennon, Paul Mc Cartney, Kylie Minogue, Roy Orbison, The Royal Liverpool Or-
chestra, Ringo Starr, Randy Travis, U2, Wet Wet Wet, etc.

## Lennon y Epstein

En 1991 se estrenó la película *The Hours and Times* del norteamericano Christopher Munch cuyo argumento era la estancia de Barcelona (España) de Brian Epstein y John Lennon en 1964. El filme se ha considerado siempre como un icono de la filmografía gay con la tesis central de la relación entre uno y otro, nunca reconocida por Lennon. El papel de John Lennon lo interpretaba Ian Hart y el de Brian Epstein, David Angus y el filme recibió el premio al mejor director en la Berlinale de 1992 y el Premio Especial del Jurado a la dirección para Munch en el Festival de Sundance del mismo año.

## Liverpool Oratorio

Pocas veces, un autor de música pop o rock se atreve a hacer una incursión en la música culta o clásica, pero Paul McCartney, sin duda uno de los compositores más importantes del siglo XX, sí se atrevió a ello y en junio de 1991 se publicó su obra *Liverpool Oratorio*, una gran pieza compuesta conjuntamente con el músico norteamericano Carl Davis y que era una suerte de autobiografía musical del ex Beatle. Compuesta de ocho movimientos y un total de cincuenta canciones, fue creada para celebrar el ciento cincuenta aniversario de la Royal Philarmonic Orchestra de Liverpool y estrenada en la catedral de su ciudad natal con la participación de voces de la categoría de Kiri Te Kanawa, Sally Burgess, Willard White y Jerry Hadley. El éxito para la crítica especializada y para el publico fue notable, aunque no faltaron las voces que criticaron la incursión de McCartney en la música clásica.

## Heil Globe!

Una mañana de diciembre de 1991 George Harrison se despertó con un inaudito reportaje en el diario estadounidense *The Globe* en el que se afirmaba, a toda página, que Harrison era un simpatizante de los nazis. El diario, sensacionalista y de distribución en los supermercados de USA para lo menos intelectual del país, coleccionaba una serie de mentiras y de pruebas imaginarias basándose en una entrevista telefónica absolutamente tergiversada a un especialista musical y coleccionista llamado Geoffrey Giulano. George pidió doscientos millones de dólares de indemnización para resarcirse de afirmaciones como que se paseaba por su localidad de origen con uniformes nazis o que había hecho declaraciones de admiración hacia Adolf Hitler.

## Ser o no ser... un Beatle

El 9 de diciembre de 1992, George Harrison recibió el primer Premio Centenario a toda una carrera musical que concedió la revista *Billboard* para celebrar el centenario de su publicación. En la entrevista posterior tras recibir el premio, George hizo gala una vez más de su sentido del humor… o tal vez de las profundas heridas de los últimos años de The Beatles cuando dijo: «Ser un Beatle es algo que no ha perjudicado mi carrera…».

## Contrato de por vida

De los muchos negocios, empresarios y firmas que pueblan el universo del espectáculo, es cosa sabida que los productores musicales son especialmente celosos y desconfiados, tanto de la capacidad de sus artistas para mantenerse en primera fila, como de la posibilidad de que les dejen en cualquier momento. Por eso sus contratos suelen cubrir todas las posibilidades incluida la de que su artista deje de tener ideas. Así que fue toda una noticia que el 3 de diciembre de 1992, Capitol Records anunciara que había firmado un contrato a perpetuidad con Paul McCartney. Eso quería decir, no que Paul quedaba ligado a ellos, puesto que le bastaba con no producir nada más si no le apetecía, sino que la productora se comprometía a publicar todo lo que Paul quisiera componer, algo insólito. Paul llevaba años encabezando la lista de los músicos más ricos del Reino Unido y los ingresos extraordinarios que conseguía los dedicaba habitualmente a fines sociales.

## Un recuerdo que se va

El 16 de agosto de 1993 falleció Ivan Vaugham, el chico miembro de The Quarrymen que en 1957 había presentado a John y a Paul. Vaugham padecía de Parkinson desde 1977 y había escrito un libro *Ivan: Living with Parkinson's Disease* y había llevado una intensa lucha para luchar contra la enfermedad, incluso colaborando en un documental difundido por la BBC. Su muerte fue un golpe durísimo que se añadía a los de Stu, Brian y John.

## Mi amigo

El 19 de enero de 1994, el Salón de la Fama del Rock and Roll acogió de forma póstuma a John Lennon, a título individual, aunque ya habían acogido a The Beatles en 1988. Aquella vez, Paul no había asistido a la ceremonia, pero no faltó a la que encumbraba a su amigo/enemigo y compañero Lennon. Paul McCartney fue el encargado de presentar a John Lennon y lo hizo con estas palabras: «No debéis olvidar que soy el primer fan de John Lennon» y en un guiño a su viuda y a sus hijos presentes añadió: «Le quiero aún y siempre le quise».

## The Beatles de nuevo

La noticia de que The Beatles volvían a reunirse para tocar juntos ha venido apareciendo esporádicamente en los medios de comunicación, pero tal vez una de las veces que más cerca estuvo de ser verdad fue el

13 de febrero de 1994 cuando el diario *Mail On Sunday*, publicado en Estados Unidos y el Reino Unido, anunció que los tres miembros vivos de The Beatles más Julian y Sean Lennon tocarían en un concierto especial en Central Park de Nueva York, pero el secretario personal de Paul salió inmediatamente a desmentir la noticia calificándola de «mentira total», aunque era cierto que se habían producido conversaciones pero que nunca llegaron a buen fin.

## Forrest Gump

En el verano de 1994, John Lennon aparece en una película de gran éxito. Se trata de *Forrest Gump*, de Robert Zemeckis, interpretada por

Julian Lennon (izquierda) y Sean Lennon en el Cannes Film Festival, en 2009.

Tom Hanks. En una de sus escenas, Zemeckis usa una entrevista televisiva a Lennon e introduce en ella a Forrest Gump interpretado por Hanks, sentado junto al Beatle.

## Número uno

En diciembre de 1994, veinticuatro años después de su separación, un doble CD con canciones de The Beatles alcanzó el número 1 de ventas en el Reino Unido y el número 3 en Estados Unidos. Era algo inaudito para la industria musical, pero no había más remedio que reconocer que el público seguía adorando al cuarteto de Liverpool. El fenómeno lo consiguió una serie de cintas, grabaciones inéditas de canciones y entrevistas, encontradas en un estante de la BBC donde habían quedado olvidadas. Se trataba de grabaciones de promoción hechas a finales de los años cincuenta para ser emitidas por la radio, según una idea de Brian Epstein, pero que no habían llegado a ver la luz. Después de editarlas y limpiarlas se lanzaron al mercado con el resultado mencionado.

## Dieciocho Grammy

En 1996, The Beatles recibieron sus dos últimos Grammy, veintiséis años después de su separación y con uno de sus miembros, John Lennon, ya fallecido. Se concedieron dos Grammys al Mejor vídeo cortometraje por *Free As a Bird* dirigido por Joe Pytka y al Mejor vídeo largometraje por *The Beatles Anthology*, de Geolf Wonfor y Chips Chipperfield. Con esos dos fueron dieciocho los Grammy obtenidos por The Beatles a lo largo de su carrera y postcarrera que se inició en 1964 cuando recibieron el de mejor artista novel y mejor interpretación vocal por «A Hard Day's Night».

## Top ten

En una entrevista concedida en 1997, George Harrison hizo una lista de sus diez canciones preferidas, algo muy a tener en cuenta tratándose de un músico de su prestigio. La primera de las diez era «If You're Going to Make a Fool of Somebody», de James Ray. Le seguían «Blue Suede Shoes» de Carl Perkins; «Roll over Beethoven» de Chuck Berry; «The Bells of Rhymmey» de The Byrds; «Call of the Valley» de Brij Bhushan Kabra; «Badge», de Cream; «Back on the Chain Gang» de Pretenders; «Brothers in Arms» de Dire Streets, «Cold Day in Hell» de Gary Moore y «Remedy» de Black Crowers. «The Bells of Rhymmey» la consideraba su inspiración para escribir «If a Needed Someone».

## Sir Paul

El 11 de marzo de 1997, Paul McCartney se convirtió en sir Paul Mc-Cartney cuando le fue concedido oficialmente el título que la Reina había anunciado el año anterior. Al mismo tiempo que McCartney recibieron la distinción su productor George Martin y el músico Andrew Lloyd Weber. A partir de ese momento, la prensa británica le reconocería ya como sir Paul o sir Paul McCartney aunque el título no es hereditario y desaparecerá con él.

## El visitante inesperado

A mediados de 1997, le fue diagnosticado a George Harrison un cáncer de garganta, probablemente fruto de años como fumador compulsivo. No se conoció la noticia hasta un año después, cuando ya había sido operado, aparentemente con éxito, pero su lucha titánica contra el cáncer acababa de comenzar. Siempre positivo, George afirmó que era sólo un principio y que dejaba definitivamente el tabaco.

## Linda Eastman McCartney

El 17 de abril de 1998, Linda Eastman, la mujer que había conquistado a Paul McCartney en su época más turbulenta, la que había sido sin duda la mujer de su vida para el músico, bajista y compositor, murió en la ciudad norteamericana de Tucson, en el estado de Arizona a consecuencia de un cáncer que se le había detectado tres años antes, en 1995. Linda, fotógrafa de profesión, había desarrollado una carrera musical impulsada por Paul y se había integrado en el grupo Wings. Ella había impulsado en su marido un estilo de vida natural, vegetariano y defensor de los animales hasta el punto que cuando McCartney donó dos millones de dólares para el estudio contra el cáncer en sendos centros de Tucson y de Nueva York lo hizo con la condición de que no usaran animales para la experimentación.

Paul con Linda en 1976, en un concierto de los Wings.

## Olivia

El día 30 de diciembre de 1999, Olivia Trinidad Arias, Olivia Harrison, demostró ser una mujer valiente y decidida, dispuesta a todo. Sobre las tres y media de la madrugada, un intruso llamado Michael Abram se coló armado con una navaja en el domicilio de los Harrison, Friar Park, en Henley-on-Thames. Harrison reaccionó con rapidez defendiéndose del ataque, pero fue especialmente Olivia la que se enfrentó al agresor y consiguió reducirle después de que hiriera a George con varias cuchilladas, una de ellas de dos centímetros y medio de

De izquierda a derecha, Eric Idle, Paul McCartney, Olivia Harrison, Tom Hanks y Dhani Harrison, en la ceremonio en la que George Harrison fue honrado póstumamente con una estrella en el Paseo de la Fama de Los Ángeles.

profundidad. El individuo, de treinta y cinco años, fue detenido por la policía que se presentó en la casa al sonar las alarmas y posteriormente le trasladó a una institución psiquiátrica. Cuando los periodistas preguntaron a George sobre qué pensaba de las intenciones del asaltante, el ex Beatle respondió: «Lo que está claro es que no venía para cantarme algo». A pesar de que George se lo tomó con buen humor, lo cierto es que quedó muy asustado por el incidente y restringió mucho más sus apariciones publicas ya muy mermadas desde la muerte de John Lennon.

## Paul, el poeta

En mayo de 2001, Paul McCartney publicó un libro de poemas, *Blackbird Singing* (*El canto del mirlo*), la mayor parte escritos en 1993, el año de la muerte de su querido amigo Ivan Vaugham víctima del Parkinson. Paul había sido un precoz poeta en el colegio, pero nunca había visto recompensado su esfuerzo, así que lo dejó y prefirió dedicarse a la música, pero la muerte de Vaugham le hizo recuperar el interés por la poesía y recogió algunos otros poemas dedicados a John tras su muerte y escribió otros tras la muerte de Linda. El éxito no fue el esperado, pero en Estados Unidos dio algunos recitales de viva voz.

## De Liverpool al río sagrado

Después de años de incansable lucha contra la enfermedad, George Harrison murió en Los Angeles, la noche del 29 de noviembre de 2001 rodeado de su familia. «Ha abandonado este mundo tal como vivió en él, consciente de la existencia de Dios, sin miedo a la muerte y en Paz», decía el comunicado de su familia resumiendo probablemente lo que había sido el lado más oculto de Harrison, el de una persona sensible, religiosa, espiritual y equilibrada. El óbito se produjo en la casa de su amigo Gavin de Becker, un especialista en seguridad y protección de personalidades con el que George mantenía una estrecha amistad, una casa que había pertenecido a Courtney Love, la viuda de Kurt Cobain. Olivia, siguiendo las instrucciones de su marido, llevó sus cenizas al sagrado Ganges, en la India, donde fueron esparcidas y una parte de la fortuna del ex Beatle fue, por su expreso deseo, a la organización Hare Krishna.

## Homenaje

El 29 de noviembre de 2002, justo un año después de la muerte de George Harrison, se celebró en el Royal Albert Hall de Londres el Concert for George, un magno acontecimiento que reunió a amigos y colegas del músico en una *jam session* que fue grabada y publicada después en CD y DVD. El acto lo organizó su esposa Olivia y no faltaron ni Ringo ni Paul, ni tampoco Eric Clapton, siempre cercano a The Beatles, o Klaus Voormann, el hombre que le llevó a Hamburgo cuando era un crío.

## Británicos para la historia

En 2002, la BBC publicó la lista de los cien personajes más grandes de la Gran Bretaña en su historia. En el número 1 era destacado sir Winston Churchill, nacido en 1874 y muerto en 1965, el héroe de la resistencia contra la agresión nazi, el hombre que pidió al pueblo británico «blod, sweat and tears» («sangre, sudor y lágrimas») para resistir al enemigo. Pero en el número 8, por debajo de la Reina Isabel I y por encima de lord Nelson, estaba John Lennon, el muchacho de Liverpool, de clase baja, rebelde, pacifista y uno de los músicos más destacados del siglo XX. En el 19, su compañero Paul McCartney, y en el 62, George Harrison. A pesar de ser el Beatle más popular y más querido, no figura en la lista Ringo Starr.

## Un mechón de su cabello

En el año 2003, el peluquero español Raffel Pagès pagó 1.400 euros por un mechón de cabellos de George Harrison. Pagès, barcelonés, ha coleccionado rizos y cabellos famosos entre los que se cuenta uno de Marilyn Monroe. El mechón de George está autentificado con una foto y una declaración escrita de Harrison y figura en el museo personal del peluquero español.

## La manzana de la discordia IV

Imparable ya la reproducción y la circulación de música a través de la red y en los ordenadores, Apple Corp volvió a demandar en septiembre de 2003 a Apple Computer después de que esta lanzara al mercado informático su producto Itunes para la reproducción y circulación de música por internet. La base era la misma, violación del acuerdo firmado en 1981, pero esta vez el juez consideró que Apple Computer no violaba el acuerdo suscrito y en 2006 dictó sentencia a favor de la compañía norteamericana. No obstante, amabas corporaciones llegaron posteriormente a un acuerdo por el que Apple Computer seguirá usando el logotipo de la manzana, tal y como establece la sentencia, pero cederá su uso a la compañía de The Beatles para la producción musical.

## Descuartizando a The Beatles

Después de cuarenta años, todo el mundo sabe que la discografía de The Beatles sigue dando dinero y las sucesivas reediciones, remasterizaciones o versiones están a la orden del día. Una de las últimas y más descarnadas —nunca mejor dicho— es el disco llamado *Butchering The Beatles* (*Descuartizando a The Beatles*) publicado en noviembre de 2006, una versión, o parodia quizá, de algunos de los temas de The Beatles

convertidos en heavy metal por un grupo de personajes unidos para
este evento. Son 12 temas interpretados por elementos tan variopintos
como Alice Cooper, Billy Idol, Duff McKagen (de Gun's and Roses),
Lemmy y Mikkey Dee (de Motörhead) o Vivian Campbell de Def Lep-
pard. La portada en sí ya es toda una obra de arte.

## Yo soy la bruja

Todavía recordando las acusaciones a que ha sido sometida durante
años, y con cierto sentido del humor, Yoko Ono publicó en febrero de
2007 la canción «Yes, I'm a Witch» («Sí, soy una bruja») interpretada
por The Brother Brothers en un disco recopilatorio de sus trabajos.

Yoko Ono en una
fotografía reciente.

*Oh, please don't give me that!*

*Yes, I'm a witch,*
*I'm a bitch*
*I don't care what you say,*
*My voice is real.*
*My voice speaks truth,*
*I don't fit in your ways.*

*I'm not gonna die for you,*
*You might as well face the truth,*
*I'm gonna stick around for quite awhile.*

*Oh, por favor no me des eso!*

*Sí, soy una bruja,*
*Soy una perra*
*No me importa lo que usted dice,*
*Mi voz es real.*
*Mi voz habla la verdad,*
*No me cabe en tus caminos.*

*No voy a morir por ti,*
*Es lo mismo que frente a la verdad,*
*Me voy a quedar por mucho tiempo.*

## Paradojas

En marzo de 2007, Paul McCartney firmó un acuerdo de colaboración con la firma Starbucks para la producción de su música. Se da la circunstancia que al mismo tiempo, la firma estadounidense ha llegado también a un acuerdo con James Taylor, el cantautor más destacado de los sesenta y los setenta en Estados Unidos que había publicado algunos de sus mejores trabajos con Apple Records en 1968. Taylor, nacido en Boston en 1948, ha realizado una fantástica carrera musical a pesar de que toda su vida ha transcurrido bajo la adicción incondicional a la heroína.

## El año Lennon

Por alguna razón, el año 2007 fue un especial año de recuerdo de John Lennon. En ese año fueron estrenadas dos películas sobre su asesinato, *Chapter 27* (*El asesinato de John Lennon*), dirigida por J.P. Schaefer, y *The Killing of John Lennon*, de Andrew Piddington, y se inauguraron cuatro estatuas dedicadas al músico: Reykjavyk (Islandia), Lima (Perú), dos en Liverpool y otra en Washington. Se añadían así a otras cinco ya existentes, una en Los Angeles (Estados Unidos), otra en La Habana (Cuba), dos en España (La Coruña y Almería) y una en el aeropuerto de Liverpool.

## The Beatles e internet

Tras el acuerdo alcanzado con Apple Computer, en abril de 2007 llegó también otro que pasará a la historia entre EMI, la compañía discográfica que lanzó la mayor parte del material de The Beatles, y Apple Corp., la empresa formada por el grupo musical en 1967 para administrar su música. Las diferencias sobre derechos de autor que venían manteniendo desde entonces se zanjaron en un acuerdo final que permitía que la música de The Beatles empezara a circular por la red de modo legal.

## Neil Aspinall

El 24 de marzo de 2008 murió en Nueva York, a la edad de 65 años, Neil Aspinall, el hombre que había acompañado a The Beatles desde que eran unos críos, allá por el final de los cincuenta en Liverpool. Neil estaba ingresado en el Memorial Sloan-Kettering Cancer Center de Nueva York a causa de un cáncer de pulmón diagnosticado años antes dejando una esposa, Suzy y cinco hijos. Neil, contable de profesión, lo dejó todo para convertirse en técnico de sonido, *road* mánager de The Beatles y ayudante a tiempo completo de Brian Epstein; un hombre imprescindible en la vida artística del grupo, de absoluta confianza y amigo de todos ellos. A principios de los sesenta cuando Neil tenía entre dieciocho y veinte años, vivía en una habitación alquilada a Mona Best, la madre de Pete, separada de su marido John Best en 1960 y la impulsora de The Casbah Coffe Club. Mona y el joven Neil vivieron una aventura y como resultado Mona tuvo un hijo en 1962, Vincent «Roag» Best. Mona era una mujer excepcional, con una gran visión y el mejor apoyo que tuvieron en sus inicios los chicos que triunfarían después como The Beatles.

## Ringo, sin cabeza

En marzo de 2008, la ciudad de Liverpool decidió dedicar un monumento a The Beatles que ya gozan allí de un museo, el The Beatles Story en Albert Dock. El monumento, realmente perecedero, fue una escultura vegetal, hecha en un arbusto e instalada frente a la estación de ferrocarril de South Parkway, obra del italiano Franco Covill. El trabajo duró dieciocho meses pero su integridad duró mucho menos pues a los pocos días de instalada sufrió el ataque de algún descerebrado que cortó la cabeza del batería Ringo Starr.

## Beatles según Hamburgo

El 11 de septiembre de 2008, siete años después del atentado terrorista contra las Torres Gemelas de Nueva York, se inauguraba en Hamburgo la Beatles Platz, un homenaje de la ciudad portuaria alemana a los muchachos de Liverpool que hicieron historia en la vieja ciudad hanseática.

Un espacio circular de 29 metros de diámetro es el centro de la plaza que cuenta con una bella iluminación nocturna y los títulos de varias canciones de The Beatles grabados en la piedra forman una de las plazas mas modernas de la ciudad. Para Hamburgo, los Beatles no son exactamente los que se conocen en todo el mundo y así lo muestran las estatuas metálicas que adornan la plaza, John Lennon, George Harrison, Paul McCartney, Stu Sutcliffe y una que quiere representar a la vez a Peter Best y a Ringo Starr.

## Museo Lennon de Tokyo

El 4 de febrero de 2010, el Museo dedicado a John Lennon en Saitama, cerca de Tokyo, anunció el cierre irreversible de sus instalaciones en septiembre de 2010 sin que se dieran razones concretas para ello. Lo más probable es que Yoko Ono, propietaria de los cientos de piezas y fotografías que se exhiben en el lugar, no hubiera llegado a un acuerdo

La Beatlesplatz de Hamburgo de noche.

de renovación del contrato por diez años suscrito con los directivos del museo, pero algunos medios apuntaban al hecho de que el número de visitantes no justificaba la permanencia del museo.

## Más de un millón de dólares

El 18 de junio de 2010, la sala Sotheby's de Nueva York adjudicó en subasta una hoja de libreta escrita a mano por John Lennon con la letra de la canción «A Day in the Life», incluida en el disco *Sgt. Pepper's Lonely Hearts Club Band*. El documento había sido propiedad de Mal Evans y fue adquirido en 1992, también en su basta de Sotheby's, por un desconocido por 93 dólares. El precio de salida del 18 de junio de 2010 fue de 700 mil dólares y finalmente se vendió por 1.202.500 dólares.

## Cariñoso y amable Lennon

El *Telegraph* de Londres publicaba el día 16 de agosto de 2010 la última (por el momento) noticia sobre The Beatles. Una carta autógrafa de John Lennon, escrita en 1971 y dirigida al cantante folk norteamericano Steve Tilston, acababa de aparecer en el archivo de un coleccionista que se había hecho con ella antes de que llegara a su destinatario. Al parecer, Lennon había enviado la carta a la revista *Zig-Zag* donde habían hecho una entrevista a Tilston dado que no conocía la dirección del cantante. La revista quebró antes de que pudieran entregar la carta a Tilston y alguien se quedó la misiva que fue a parar al coleccionista norteamericano. En ella figura un sabio consejo, que no se le suba la fama a la cabeza y se mantenga fiel a sí mismo, y la firma de Yoko Ono quien ha declarado que estaría encantada de recuperar una carta muy cariñosa y «de tú a tú» con un músico que entonces empezaba.

apéndices

# apéndice uno:
## Los Beatles en Hispanoamérica

**No deja de llamar la atención** una vez revisada la historia de The Beatles que nunca llegaran a actuar en ningún país Latinoamericano. Jamás viajaron al sur del Río Grande en toda la etapa en la que efectuaron giras por casi todo el mundo. Nunca ha habido una explicación concreta pero no hay que ser muy perspicaz para adivinar por qué.

En primer lugar hay que observar que tampoco lo hicieron en África y el único país de ese continente en que se planteó la posibilidad fue Sudáfrica, descartado como hemos visto por la oposición de los muchachos de Liverpool al régimen del apartheid.

Si observamos sus giras desde 1961 a 1969 es obvio que eligen siempre dos destinos bien definidos: Europa y países de habla inglesa. Europa desde luego por la cercanía y la influencia de Gran Bretaña tanto en música como en economía y cultura en general. Y es obvio la elección de países de habla inglesa en el resto del mundo, Estados Unidos (por supuesto), Canadá, Australia, Nueva Zelanda, Hong-Kong y Filipinas donde el inglés es también el idioma oficial y de cultura.

Es cierto que algunos países africanos sí utilizan el inglés como idioma cultural pero estamos hablando de los años sesenta con un continente desgarrado por las guerras, el colonialismo y la pobreza, incapaces de asimilar un fenómeno como el de la música pop-rock de The Beatles. Algo de eso hay también en la India, por ejemplo, y en toda la América de habla española o portuguesa de la época donde se dan otras realidades: dictadores impresentables, guerrillas, pobreza y una cultura musical que nada tenía que ver con la que se desarrollaba en el Reino Unido o en Estados Unidos a no ser en muy pequeñas élites. No hay que olvidar que los ingresos millonarios de The Beatles venían entonces en forma muy equitativa de los conciertos, los discos vendidos y el *merchandising*, y el mercado potencial de la mayor parte de países latinoamericanos era muy pobre. Idioma, situación política, potencial económico son las tres grandes razones para que The Beatles no fueran nunca a Latinoamérica. En el caso de España, a pesar de la dictadura, era diferente en el sentido en que no deja de ser un país europeo con lazos económicos y culturales con el Reino Unido y en la ruta, podríamos decir, de Francia e Italia.

Se ha dicho que los incidentes padecidos en Filipinas les hicieron desistir de acudir a países con dictaduras militares de ese tipo, pero pensamos que no era esa fundamentalmente la razón pues que Filipinas era una dictadura lo sabían perfectamente, si no los jóvenes miembros del grupo, sí su mánager Brian Epstein y los organizadores de la gira, y España también lo era y sin embargo nunca supuso un problema para The Beatles y para que sus conciertos se desarrollaron con una cierta normalidad. También es cierto que la seguridad en Europa o en Estados Unidos se podía considerar aceptable, desde luego también en España, pero era mucho más discutible en algunos países de la Latinoamérica de la época. Queda por ahí la excepción de Japón, un país de idioma y cultura diferente, lejos de Europa, pero con dos características que le hacían apetecible: una gran influencia de la cultura anglosajona y un alto poder adquisitivo.

# apéndice dos:
## Los Beatles en España

**El fenómeno Beatle,** la «Beatelmanía», afectó de una forma o de otra a todo el mundo. En la música desde luego, en el modo de vestir, en cierto hábitos de comportamiento de la juventud y es justo colocarlo también en el contexto de una época convulsa, la que se ha dado en llamar la «década prodigiosa», los sesenta, de la que forman parte esencial. Por sí mismos no fueron determinantes, eso también debe ser considerado, pero su música y su mensaje forman parte indisoluble del mayo francés, de la guerra de Vietnam, de la primavera de Praga, del movimiento *hippie*, de Fellini y también del LSD, del nacimiento de la música-negocio y de la liberación de las costumbres. A pesar de las limitaciones políticas, la repercusión de la Beatelmanía en España fue tan importante como lo fue en Francia o en Italia y entró de lleno en la caracterización de los movimientos juveniles de oposición al franquismo, aunque desde el *establishment* se trataba de minimizar su influencia.

El 22 de noviembre de 1963, un pie de foto en La Vanguardia de Barcelona llevaba esta frase lapidaria:

He aquí a un grupo de entusiastas muchachas, cuyas edades se acercan más o menos a los quince años, viendo bailar al famoso conjunto británico The

Beatles, compuesto por cinco jóvenes con mucho pelo y mal peinados, los cuales hacen furor en las islas con sus canciones y ritmos modernos.

Toda una información.

En el mismo periódico del martes 6 de julio de 1965, un artículo firmado por Alberto Mallofré decía:

Los Beatles son sencillamente un grupo rítmico-vocal, comparativamente uno de los mejores, pero sin ninguna otra trascendencia. Tienen un mérito singular y es que son autores de la mayor parte de su repertorio, lo que les confiere un aire peculiar, fácilmente reconocible, cosa muy importante en este tipo de actividades. El sábado les vimos actuar en persona ante el público de Barcelona y confirmaron de manera diáfana nuestras apreciaciones. Su repertorio es muy bueno y lo ejecutan muy bien; tienen un ritmo endiablado y saben elevar rápidamente el grado térmico de la atmósfera en el auditorio y mantenerlo en ebullición aunque sea al aire libre y en un espacio abierto y despejado como la Plaza Monumental. Pero esto es todo con los Beatles.

No obstante, el mismo autor, unas líneas más arriba hacía afirmaciones como ésta:

Cierto que han influido en la juventud de Inglaterra, primero, y de casi todo el mundo, después, pero no de modo nocivo. Al contrario, hay pruebas de que gracias a la moda de los grupos rítmicos que ellos han impulsado, la delincuencia juvenil y el gamberrismo han decrecido en Inglaterra, y se comprende muy bien pues el tipo clásico de joven suburbial, semi-golfo, que antes frecuentaba tabernas y cuchitriles, está ahora muy ocupado ensayando en un sótano con su grupo, perfeccionando su técnica de la guitarra o de la batería, estudiando su poco de música, invirtiendo su dinero en complejos electrónicos y demás instrumental, etc.

Unos chicos salidos del gamberrismo y la violencia que hacían música, esa era la idea, pero en noviembre de 1969, las cosas habían cambiado lo suficiente como para que María José Ragué firmara un artículo en el que se decían cosas como éstas:

Desde sus primeras canciones, los Beatles intentan combatir el materialismo de la sociedad en que vivimos. Sus canciones ponen de manifiesto la poca importancia del dinero («I don't care too much for money, money can't buy me love». No me importa el dinero, el dinero no puede comprarme amor), lo ridículo de la vida excesivamente metódica y organizada («Nowhere man in a nowhere land». El hombre de ningún lugar en ningún lugar), lo absurdo de algunas profesiones («Lonely Rita, matermaid», Adorable Rita, la muchacha del parking), la soledad de personas como Eleanor Rigby o el Padre McKenzie, el materialismo del sistema de consumo (En «While my guitar gently weeps» dicen «I don't know how someone controlled you. They bought and sold you»». No sé como alguien te ha controlado. Te han comprado y vendido), la importancia del placer sensorial («Lucy in the sky with diamons»), su deseo de cambiar al mundo sin destrucción y sin odio («Revolution»).

The Beatles ya eran algo más que música.

# apéndice tres:
## Bibliografía

Badman, Keith, *The Beatles. The Dreams is Over*, Omnibus Press, 2002.

Badman, Keith y Hunter Davies, *The Beatles of The Record*, Omnibus Press 2001.

Burrows, Terry, *The Beatles*, Carlton Books, 1996.

Clayson, Alan, *Paul McCartney*, 2003.

Clayson, Alan, *George Harrison*, 2001.

Dean, Johnny, *The Best of The Beatles Book*, Beat Publications, 2005.

DeCurtis, Anthony, *In Other Words*, 2005

Evans, Mike, *The Beatles*, Literary Anthology, Plexus 2004.

Lalani, Z., *Teenagers Guide To The Beatles*, 2005.

Lennon, Cynthia, *El auténtico Lennon*, Ediciones Robinbook, 2003.

Miles, Barry, *Los Beatles día a día*, Ediciones Robinbook, 2003.

Schaumburg, Ron, *Growing Up With The Beatles*, A Harvest/HBJ Book, 1976.

Stokes, Geoffrey, *The Beatles*, Times Books, 1979.

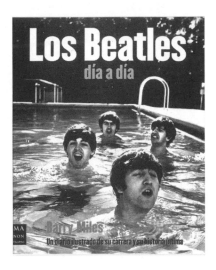

## Los Beatles día a día

*Barry Miles*

El legendario Barry Miles, miembro del círculo íntimo de los Beatles en los años sesenta, ofrece en este libro una cronología asombrosamente detallada de las actuaciones, los locales, los discos, las declaraciones y las fechas memorables de la inmortal banda de Liverpool. El autor muestra la historia de los cuatro integrantes del grupo sin retoques ni maquillajes, sin eludir los momentos difíciles, las peleas y los temas de sexo y drogas, pero sin olvidar tampoco sus logros personales. Este diario no se limita a los diez años de existencia oficial del grupo, sino que se extiende durante treinta años (desde el nacimiento de sus miembros) y revela, además, numerosos hechos poco a nada divulgados.

## El auténtico Lennon

*Cynthia Lennon*

Alrededor de los Beatles se ha creado un fascinante halo de mitos y leyendas. Incluso tras la separación de John, Paul, George y Ringo, sus vidas y su música se convirtieron en iconos de varias generaciones en todo el mundo.

Hay muchas historias y biografías de los Beatles y de John Lennon, pero ésta sobresale entre todas porque está escrita por su primera esposa y madre de su hijo Julian, la cual compartió con los Beatles su etapa de formación, su ascenso al estrellato y su período de disolución. Los testimonios y revelaciones que ofrece Cynthia Lennon llenan por fin los espacios nebulosos de la vida y la personalidad de John Lennon, así como de la trayectoria de los demás integrantes de los Beatles.